CASAMENTOLOGIA

BELINDA LUSCOMBE

CASAMENTOLOGIA

A arte e a ciência de ficar junto

Tradução Beatriz Galindo

academia

Copyright © Belinda Luscombe, 2018
Copyright © Editora Planeta do Brasil, 2022
Copyright da tradução © Beatriz Galindo
Título original: *Marriageology: The Art and Science of Staying Together*
Todos os direitos reservados.

EDIÇÃO: Karina Barbosa Santos
REVISÃO: Fernanda Guerriero e Andréa Bruno
DIAGRAMAÇÃO: Vivian Oliveira
CAPA: Filipa Damião Pinto | Foresti Design

DADOS INTERNACIONAIS DE CATALOGAÇÃO NA PUBLICAÇÃO (CIP)
ANGÉLICA ILACQUA CRB-8/7057

Luscombe, Belinda
    Casamentologia: a arte e a ciência de ficar junto / Belinda Luscombe; tradução de Beatriz Galindo, Karina Santos. – São Paulo: Planeta do Brasil, 2021.
    224 p.

    ISBN 978-65-5535-608-3
    Título original: *Marriageology: The Art and Science of Staying Together*

    1. Casamento 2. Casais 3. Comunicação interpessoal I. Título II. Galindo, Beatriz III. Santos, Karina

21-5392   CDD 306.81

Índice para catálogo sistemático:
1. Casamento

 Ao escolher este livro, você está apoiando o manejo responsável das florestas do mundo

2022
Todos os direitos desta edição reservados à
EDITORA PLANETA DO BRASIL LTDA.
Rua Bela Cintra 986, 4º andar – Consolação
São Paulo – SP – CEP 01415-002
www.planetadelivros.com.br
faleconosco@editoraplaneta.com.br

SUMÁRIO

INTRODUÇÃO 11

CAPÍTULO 1. FALANDO DE INTIMIDADE 21

CAPÍTULO 2. FAZENDO AS PAZES 51

CAPÍTULO 3. FINANÇAS 83

CAPÍTULO 4. FILHOS 109

CAPÍTULO 5. FAZENDO SEXO 139

CAPÍTULO 6. FAZENDO TERAPIA....... 171

AGRADECIMENTOS 195

APÊNDICE. PERGUNTAS PARA AUMENTAR A INTIMIDADE 197

SOBRE A AUTORA................. 201

NOTAS 203

*Para Edo, que, graças a Deus,
prefere esportes de resistência.*

Coração, terás tamanho
Para amor que não se cansa?
— Lorde Alfred Tennyson

O casamento é uma instituição incrível,
mas quem quer viver em uma instituição?
— **Autor desconhecido** (com certeza, não é o Tennyson)

INTRODUÇÃO

Você já percebeu que celebramos o casamento ao contrário? O dia do enlace: uma festança antes de o casal sair em férias luxuosas. O primeiro aniversário é especial e emocionante, amigos e parentes podem até mandar recados; no segundo, jantar e um presente. E por aí vai, com uma ordem tradicional de presentes (terceiro: couro; quinto: madeira; décimo: estanho), até chegar aos quinze anos, simbolizados pelo cristal. Depois disso, a tradição não dita mais presentes anuais, ou seja, nada de presentes até o casamento completar vinte anos, as chamadas bodas de porcelana (que é menos cara do que o cristal). Enfim, aos trinta anos, a categoria é a pérola, o que basicamente significa que só a esposa vai receber um mimo.

É tudo ao contrário! Qualquer mané pode permanecer casado por doze meses. Dá para chegar aos três anos de casamento tranquilamente com as boas lembranças da lua de mel. O casal só precisa mesmo de presentes lá pelos quinze anos, quando a novidade de ter alguém sempre por perto já passou. Parar de presentear nessa etapa é como torcer somente durante o primeiro tempo de um jogo de futebol ou na primeira metade de uma maratona. Esses são os momentos mais fáceis.

Eu me dei conta dessa confusão quando um amigo de longa data, com quem eu não falava havia alguns meses, me ligou para contar que seu casamento de vinte anos estava acabando. Os dois queriam que o término fosse uma experiência positiva, disse ele, então decidiram continuar morando na mesma casa, cozinhando um para o outro e fazendo coisas juntos. Uma hora eles iriam separar as finanças. Ainda se amavam, meu amigo insistiu, só não conseguiam mais ficar casados. E ele se lembrou de um conhecido nosso que estava tentando algo parecido.

É assim que os casamentos morrem, não em uma batida de carro após discussões épicas, gritos de ódio e portas batendo, sobreviventes ensanguentados cambaleando para fora da fumaça, em meio aos escombros, nos braços de um paramédico. As separações hoje em dia parecem uma eutanásia no consultório de um veterinário caro: após uma longa discussão sobre qualidade de vida, surge a decisão de terminar a união de maneira gentil e com toda a boa vontade do mundo para dar fim ao tormento, assim como um animal de estimação idoso sacrificado porque seus rins começaram a falhar e ele não parava de fazer xixi no tapete. Não adianta se revoltar: o casamento está morrendo, e a melhor solução é a separação consciente.

É claro que meu amigo estava sofrendo, mas, acima de tudo, ele sentia vergonha. Não era o seu primeiro casamento. Ele tem um filho adulto com a primeira esposa e se preocupava com o que o rapaz iria pensar daquilo tudo. As palavras dele me davam a impressão de que parecia que ele tinha perdido o emprego, não um membro da família. Parecia que ele havia sofrido um golpe com o cartão de crédito. *De novo? Nossa, o que tem de errado comigo?*

Ninguém gosta de pensar assim, mas é natural que casamentos fracassem. É como quando resolvemos fazer uma grande faxina em casa: começamos confiantes e comprometidos, mas a tarefa é muito mais cansativa do que esperávamos. É natural que as pessoas fiquem de saco cheio do casamento.

É natural que a comida estrague, que uma fogueira se apague, que o entusiasmo diminua.

Afinal de contas, não existe coisa maior, mais arriscada e mais íntima do que afirmar "É com essa pessoa que vou passar a maior parte do meu tempo neste mundo. É com ela que vou ter filhos. É o bem-estar dela que vou levar em consideração em quase todas as minhas decisões. É o destino dela que vai afetar o meu, são as piadas e as histórias dela que vou ter que ouvir enquanto minha audição estiver boa, são os sapatos dela que ficarão no armário do meu quarto, é o cabelo dela que vai ficar preso no meu ralo".

Na época das startups, dos pop-ups e dos *flash mobs*, um relacionamento feito para durar a vida inteira pode parecer uma anomalia. É permanente demais. Não tem como ser disruptivo. Não tem como "falhar rápido" para aumentar as chances de sucesso. Era de imaginar que descartaríamos o casamento, assim como fizemos com todas as outras invenções humanas que deixaram de ser úteis, como o arado de mão, o aparelho de fax e a ideia de esperar uma semana para ver o próximo episódio da nossa série favorita na tevê aberta.

O fim do casamento é algo natural, mas não é inevitável. Nem desejável. Nós aprendemos a armazenar comida por longos períodos, a acender uma fogueira, a motivar outras pessoas. Com cuidado e atenção, podemos superar a natureza.

E o casamento, essa instituição velha e embolorada, vale o esforço. Dentro de quase todos nós, existe um desejo profundo de estar em um relacionamento íntimo com outra pessoa. Não só para ter um parceiro, mas para dividir uma grande história: um marido ou uma esposa ou outro corpo quentinho que é só nosso, que cuida de nós de um jeito especial e que prometeu nos acompanhar durante toda a jornada, até o fim de nossos dias. Pesquisas mostram que se casar ainda é o sonho da maioria dos jovens (tanto homens quanto mulheres). Namorados que vão morar juntos e gostam da experiência geralmente oficializam a união, mesmo sem necessidade. O casamento é tão importante para a nossa concepção de felicidade que até hoje existem batalhas judiciais a fim de decidir se pessoas do mesmo gênero podem fazer parte dele.

É por isso que, assim como muitas coisas que vão contra a natureza – dirigir, mergulhar, pintar o cabelo de rosa –, um casamento duradouro pode ser incrível. Transformador, enriquecedor, emocionante. Sem dúvida, vale a pena.

Só que ninguém vai mergulhar sem ajuda ou instruções. No casamento, que historicamente tem muito mais chances de falhar do que um tanque de oxigênio, a história é a mesma.

Eu escrevo e faço pesquisas sobre casamentos há mais de dez anos para a revista *Time*, e sempre achei o assunto fascinante, pois quase todo mundo tem algo a dizer sobre essa instituição tão importante em nossa vida: sobre o próprio casamento, sobre o dos pais, dos filhos, dos melhores amigos ou até de amantes. O casamento – ou seja, qualquer compromisso eterno entre duas almas, oficializado pelo Estado, pela Igreja ou pelo próprio casal – nos leva a extremos. Pode despertar o que temos de melhor, como a empatia e o altruísmo. Ou pode transformar vizinhos simpáticos em pessoas extremamente mesquinhas e vingativas.

Minhas pesquisas revelaram que o casamento, que era uma instituição na qual todo mundo esperava um dia entrar (e ficar), se tornou uma tarefa arriscada: público, gratificante, difícil de dominar e quase desnecessário. Ficar solteiro é mais fácil e mais aceitável do que nunca. Não existe a obrigação do casamento. O que era um rito de passagem tornou-se uma escolha – menos rotina, mais novidade.

O casamento foi transformado por todo tipo de pressão: financeira (economia instável, excesso de endividamento, oscilações do mercado imobiliário, estagnação salarial), tecnológica (avanços na medicina, especialmente na fertilidade; *apps* de relacionamento, redes sociais) e sociológica (aumento da independência econômica das mulheres, diminuição do estigma de não estar casado ou de ser mãe ou pai solo). E ainda podemos incluir a globalização, as inúmeras inovações digitais e a revolução da informação – abalos sísmicos que moldaram o laço íntimo entre duas pessoas. Junto a isso, um enxame de mudanças menores também abalou os limites matrimoniais: o desenvolvimento das cidades, os direitos dos casais homoafetivos, a fluidez de gênero, Netflix, mensagens de texto, o iPhone, o iFood, a pornografia on-line e o #MeToo.[*]

Ainda assim, em meio a toda essa turbulência, existem muitos motivos para acreditar que se casar, ou ficar para sempre com alguém, ainda é uma escolha válida. O casamento é talvez a única instituição que tem sido tão abordada em estudos científicos quanto em livros de autoajuda. Pesquisas constataram que ele é muito bom para as pessoas, especialmente nos três *Cs*: corpo, conta bancária e cama. Aqueles que são felizes com outra pessoa vivem mais e são mais saudáveis, mais ricos e satisfeitos do que quem se envolve em relacionamentos que não duram muito. Eles geralmente fazem mais sexo e seus filhos são mais propensos a ter sucesso.

Assim como em qualquer acordo, precisamos atentar às entrelinhas: para obter os benefícios do casamento, as duas partes precisam permanecer unidas, e isso não é fácil. E não podemos odiar isso – ou um ao outro. Um estudo de Harvard que acompanhou centenas de homens de Massachusetts por oitenta anos (até agora) revelou que a satisfação com o relacionamento aos 50 anos influencia diretamente na saúde aos 80 anos. Porém, o

---

[*] #MeToo ("Eu também", em português) é um movimento contra o assédio sexual, principalmente no ambiente de trabalho, que viralizou na internet. (N. P.)

estudo também afirmou que ter uma união conflituosa é como viver em zona de guerra. Casais infelizes são mais infelizes e menos saudáveis do que pessoas que optam por ficar solteiras. Pessoas que passam pelo fim de um casamento alegam que esse é o momento mais difícil de suas vidas.

Dessa forma, o certo seria nos prepararmos para esse exercício com a mesma seriedade que nos preparamos para uma prova de vestibular. Afinal, podemos reformar uma casa ou nos mudar. Podemos mudar de carreira. O cabelo cresce com o tempo... Com um pouco de esforço, dá para deixar as piores decisões para trás. No entanto, ainda mais se tivermos filhos, existem poucas formas de tirar um ex de nossa vida, e quase todas certamente são ilegais.

Ainda assim, de alguma forma, esperamos que esses relacionamentos deem certo. As pessoas querem preencher o vazio do coração encaixando o parceiro dentro dele, acreditando que o resultado vai ser sempre perfeito e confortável. Elas nem notam que ele começou a se desencaixar até o dia em que tudo desaba e elas ficam vulneráveis e expostas.

A boa notícia é que há várias pesquisas sobre o que faz um casamento dar certo, instituição examinada nos mínimos detalhes por sociólogos, psicólogos, estudiosos de relacionamentos e do comportamento humano, graças à sua importância na nossa vida e aos seus efeitos no bem-estar dos filhos por muitos e muitos anos. O desejo de encontrar um parceiro não mudou, mas a forma como as pessoas agem, sim. Por isso, as pesquisas são constantemente atualizadas e revisadas.

Muitos terapeutas também já escreveram livros incríveis sobre os casamentos que eles observaram e ajudaram, e como tiraram casais do fundo do poço. Em vez de analisar vários tipos de comportamentos e tirar conclusões, esses especialistas se baseiam em exames íntimos e profundos do que acontece entre duas pessoas. Existem problemas que podem ocorrer com vários casais? Há soluções universais? Geralmente, cada especialidade determina o que eles observam: terapeutas urbanos podem oferecer uma perspectiva; os baseados em fé possuem outra, levemente diferente; e os terapeutas sexuais têm outra. Mas seus conselhos têm características em comum e muitas vezes se assemelham aos de outros pesquisadores. Enquanto os sociólogos relacionam a instituição do casamento a uma montanha, os terapeutas a abordam como se ela fosse um conjunto de tocas de toupeiras. Este livro examina ambas as perspectivas, separando os temas principais.

Ao longo dos anos, procurei entender o casamento como um jornalista estrangeiro que visita um país novo, tomando nota dos padrões e das semelhanças, descobrindo o que é universal para a condição humana e o que é particular de cada casal. Eu li diversos estudos e artigos de periódicos acadêmicos e entrevistei os pesquisadores. Conversei com terapeutas de todos os tipos: de casais, sexuais, conselheiros financeiros. Examinei todas as estatísticas de casamentos e discuti com demógrafos sobre o que significavam. Tentei descobrir a taxa real de divórcios (no primeiro casamento, deve ser algo próximo de 37%). Falei com professores de sociologia, psicologia, de estudos sobre a família e com pelo menos um professor de comportamento do consumidor. Persuadi alguns estatísticos a me mostrar seus números de uma forma diferente do que eles apresentam nos dados. Eu também sondei centenas de cidadãos da "casamentolândia" para saber como é viver lá, perguntei sobre dinheiro, vida sexual, brigas e divórcios e como eles aprenderam a criar os filhos. Não é à toa que as pessoas adoravam conversar comigo nas festas.

É claro que não dá para entender um lugar sem morar lá, então também vou colocar nestas páginas o meu casamento de quase um quarto de século com um homem bem diferente de mim. Eu sei que todo mundo diz isso, por isso explico o nível da diferença: nós saímos uma vez por ano durante sete anos, cada vez mais difícil do que a anterior, até que ele finalmente me disse que não entendia por que eu não queria ser namorada dele. E eu retruquei com algo do tipo: "Espera, você gosta de mim?". Os últimos trinta e poucos anos foram uma tentativa de construir uma ponte sobre esse abismo de comunicação. Ainda existem muitos obstáculos, mas nós geralmente os superamos.

Se você está parado na livraria lendo este livro ou na internet lendo a prévia dele e quer saber nos próximos quarenta e cinco segundos se deve ou não largar seu parceiro, aqui vai a resposta: provavelmente não. Ou, ao menos, ainda não. A reputação dos relacionamentos duradouros caiu bastante. Um dos motivos é que a perpetuidade está fora de moda. Somos todos a favor da ruptura. As coisas que temos há algum tempo acabam perdendo a graça só por serem duradouras. Há exceções: catedrais bonitas, florestas nativas, roupas *vintage*. São coisas que vale a pena arrumar, ou, melhor ainda, manter. Seu relacionamento pode ser uma delas.

Alguém deveria criar tradições para as outras bodas. A indústria dos presentes até tentou, mas as ideias foram péssimas. A biblioteca pública de Chicago elaborou uma lista sugerindo um instrumento musical para as bodas de 24 anos. Obrigada, biblioteca de Chicago, mas nosso coração não vai ficar nada feliz com alguém do nosso lado tentando aprender a tocar um instrumento. A realidade é que, para representar os últimos anos do casamento, escolheríamos itens de resina, que é aquele negócio tóxico que passamos nas coisas para que elas durem mais; ou pedra-pomes, que é o resultado da atividade vulcânica; ou colchas de retalhos, que são pedaços de tecido costurados. Esses presentes até que fariam sentido.

Enfim, já que não resolvem esse problema, eu resumi em seis tópicos o que aprendi sobre estar casada. São seis desafios que as pessoas em um relacionamento precisam superar, ou ao menos entender, para viverem felizes (ou nem tanto) para sempre. É uma grande coincidência que os capítulos comecem com a primeira letra de um palavrão bem conhecido: falando de intimidade, fazendo as pazes, finanças, filhos, fazendo sexo (não é meu título original) e fazendo terapia. Eu não garanto que este livro vai resolver tudo ou ajudar você a superar seus problemas, mas garanto que a leitura vai ser mais divertida do que aprender a tocar saxofone.

CAPÍTULO 1

FALANDO DE INTIMIDADE

Meu marido, Jeremy, tem um problema com envelopes. Ele sempre pergunta se nós temos envelopes, mesmo eu já tendo mostrado milhões de vezes onde eles ficam. Na estante, com os outros itens de papelaria, perto das canetas, logo acima das fotografias dos nossos filhos (temos duas cópias, mas mesmo assim não conseguimos jogar fora) e alguns cardápios de delivery, (que também não conseguimos jogar fora). Faz décadas que eles ficam guardados lá, em espaços fininhos que parecem compartimentos de cartas. Qualquer estranho que entrar na nossa casa e andar pelo quarto vai perceber logo de cara que aquele é o lugar ideal para guardar envelopes. Não importa. Toda vez que meu marido precisa enviar alguma carta, ele diz: "Nós temos envelopes?".

De início, parece uma pergunta completamente inocente, e a resposta é muito simples: "Sim, querido. Estão na estante, perto das canetas". Só que isso me dá vontade de colocar pedras nos bolsos e caminhar até o fundo do mar. Ou, melhor ainda, de tirar os envelopes do lugar e jogar na cara do Jeremy.

Qualquer coisa relacionada a esse assunto me irrita e me deprime. Por que ele não consegue lembrar onde os envelopes ficam? Será que o tempo dele é mais precioso que o meu, e eu tenho que responder a mesma coisa toda vez? Essa abordagem dissimulada dele – "Nós temos envelopes?" – é mais irritante ainda. Se ele me perguntasse "Você pode me dar um envelope?", estaria admitindo que nunca se preocupou em aprender um fato básico da casa. Estaria reconhecendo que trata a esposa como sua assistente pessoal e que o que realmente quer é que *eu pegue um envelope para ele.*

Meu marido diz: "Nós temos envelopes?". E o que eu escuto é: "O que estou fazendo agora é uma questão de vida ou morte, mesmo que eu queira enviar cartas comuns. Você, por outro lado, não deve estar fazendo nada de importante. Pegar o material de escritório – que eu mesmo poderia pegar se eu simplesmente virasse para trás – na estante atrás de mim, agora, é o tipo de tarefa bem coerente com as suas habilidades".

Como isso aconteceu? Eu amo esse homem. Eu amo esse homem há anos. Nunca conheci alguém como ele. Jeremy faz coisas lindas: prédios, refeições, filhos, aventuras. Ele é bonito, forte e bom de cama. É paciente e tranquilo. Inventa teorias hilárias e impossíveis sobre fenômenos com explicações normais e insiste em defendê-las diante de evidências indiscutíveis. Nós convivemos por mais de duas décadas e éramos felizes a maior parte do tempo. Eu ficaria perdida sem ele. Então por que uma imperfeição tão pequena como essa me irrita?

Por causa da intimidade. Intimidade é o que acontece quando toda a empolgação com um relacionamento novo se apaga, como os propulsores de um foguete, e chega-se a uma órbita em que seu marido raramente surpreende você. É o que acontece quando as conversas profundas noite adentro sobre suas esperanças e seus desejos são substituídas por negociações sobre quem vai buscar as crianças na escola. É quando um relacionamento tem mais troca do que aventura, mais feijão com arroz do que jantares românticos. Intimidade é o resultado de todo casamento e, de muitas maneiras, é uma coisa ótima, como sapatos confortáveis.

No entanto, se você não souber lidar com ela, o convívio pode ir além de tédio e frustração, chegando a territórios muito mais obscuros e destrutivos. Na nossa era, para os casais que querem ficar juntos por muito tempo, a intimidade é um problema maior do que nunca.

Notícia urgente: o casamento está mudando

Na primeira vez que ouvi alguém oferecer conselhos matrimoniais, fiquei em pânico. Eu, que era uma universitária no meio de uma viagem desastrosa, e meus amigos estávamos tentando chegar às montanhas na lata velha da minivan do meu irmão, que normalmente não fazia viagens mais longas do que subir e descer a rua de casa. A pobrezinha só durou o suficiente para sair da cidade e andar até de madrugada, tão tarde que não podíamos nem ligar para pedir ajuda. Então, enquanto meus amigos esperavam no carro, eu me aventurei no único estabelecimento aberto (na época ninguém tinha celular), um bar cheio de trabalhadores no fim do expediente, para procurar um telefone e um guincho. Consegui ligar, e o motorista do guincho me pediu que esperasse lá.

Enquanto eu aguardava, bebericando meu refrigerante, um freguês do bar começou a falar alto (para ninguém, mas, assim como faziam os profetas, para todos nós): "Essa é a verdade sobre o casamento", ele disse. "Você sempre acaba voltando para a p***a da sua esposa, porque nenhuma outra v**a dá a mínima pra você, c***o." (Para quem quiser saber, isso aconteceu na Austrália.)

Era um retrato um pouco deprimente da nossa instituição romântica mais celebrada, contudo uma imagem bem típica para nossa era. Para gerações anteriores, o casamento era como a minivan do meu irmão; não era o veículo dos sonhos, mas era o que eles tinham. E para muitos casais – os mais comprometidos com a manutenção ou os que escolheriam um destino melhor do que eu – deu certo. Minha mãe e meu pai, casados por impressionantes sessenta anos, nunca esperaram que sua união fosse emocionante. Eu teria ficado menos chocada de ouvir os dois falando grego do que dizendo "Eu te amo" um para o outro. Mesmo quando criança, eu notava a voz da minha mãe murchar quando ela atendia ao telefone e era meu pai: "Alô! Ah, é você. O que você quer?". Eu não questiono o amor ou compromisso deles. Logo antes do aniversário de 59 anos dos dois, perguntei para a minha mãe qual era o segredo para um casamento duradouro. "Tolerância", ela disse, sem hesitar.

Nós não enxergamos mais as uniões duradouras dessa maneira. Já se foi a época de encontrar um pretendente, juntar os trapos e atravessar todas as tempestades e calmarias que surgissem pela frente. O casamento hoje é visto como uma promoção para uma vida melhor, como um avanço para a classe executiva, com todas as regalias do atendimento. As pessoas querem mais de um casamento do que só um rosto conhecido ao chegar em casa. Elas querem realização, animação, segurança, devoção, status, liberação, conexão, colaboração, melhora na autoestima, transformação e todos os sentimentos.

"Se o casamento do século 20 era *companheirismo*, o novo casamento é *intimidade*", escreve o terapeuta familiar Terrence Real no seu livro *The New Rules of Marriage* [As novas regras do casamento]. "Física, sexual, intelectual e, acima de tudo, emocionalmente.[1] Enquanto o modelo tradicional de casamento (1 ganha-pão + 1 do lar = 1 família) se desfaz, os sentimentos se tornaram mais importantes. "No modelo antigo de casamento, as pessoas se casavam para ter segurança financeira e os parceiros toleravam um ao outro. Era uma questão de sobrevivência econômica", a psicoterapeuta Sue Johnson me disse. "Agora é uma questão de sobrevivência emocional. Intimidade sem sentimento não é o que as pessoas querem."

Só que a intimidade, com ou sem sentimento, é parte do negócio. Ela é a recompensa de uma relação duradoura, mas também é seu fardo. Pode nos fazer perder o afeto pela pessoa que deveríamos amar. Pode nos dar a impressão de que nosso parceiro está atrapalhando nossa vida. Pode se transformar em desrespeito. E, na era atual, que substitui o mundano e o habitual pela novidade e pela ruptura, a intimidade, que é uma parte inevitável da vida a dois, pode parecer mais opressiva do que acolhedora.

Eli Finkel, da Northwestern University, estuda o casamento moderno há anos e concluiu que, no século 21, os indivíduos querem mais do que tolerância em um matrimônio. Eles querem crescimento. Querem relacionamentos que os transformem em pessoas melhores. "Nós ainda enxergamos o casamento como o centro do amor e da paixão e nossa casa como um porto seguro em um mundo sem coração, mas acreditamos cada vez mais que um relacionamento com tudo isso e sem liberdade de expressão não é suficiente", Finkel escreve.[2] Não queremos alguém que nos conheça e nos aceite como somos. Queremos um parceiro que nos conheça bem o suficiente para nos tornar pessoas melhores e mais autênticas. Um casamento bom não é o suficiente. Assim como o café e o pão fresquinhos, os casamentos hoje em dia devem ser de uma qualidade superior.

Por que as pessoas exigem cada vez mais do casamento? Uma teoria[3] sugere que a resposta tem a ver com a mobilidade nos relacionamentos. Em uma sociedade em que é possível trocar facilmente de parceiros, como nos Estados Unidos, as pessoas buscam e expressam mais paixão, porque o intuito é investir no relacionamento; é uma forma de manter o parceiro interessado e longe da concorrência. No Japão, por outro lado, há geralmente menos expectativas emocionais no casamento, pois é mais difícil mudar de parceiro já que a lei japonesa não permite guarda compartilhada dos filhos.

Um relacionamento mais exigente e emocionante é considerado aceitável, claro, só que é quase impossível para uma pessoa proporcionar ao parceiro 100% de satisfação emocional o tempo todo, até que a morte os separe, tendo em vista a expectativa de vida atual do ser humano. Nós queremos mais do que um parceiro é capaz de oferecer. E ficamos chocados quando não conseguimos. "Está cada vez mais difícil um casamento que cumpra nossas expectativas, e isso significa que muito mais gente está decepcionada", aponta Finkel.[4] Essas suposições irracionais não são só culpa nossa. Essa propaganda enganosa foi feita durante anos, e nós caímos na armadilha de acreditar na existência de uma alma gêmea.

Vamos matar todas as almas gêmeas

Tenho uma ideia para deixar as pessoas loucas: convencê-las de que só existe um carro perfeito para elas. Não um modelo ou uma marca, mas um único carro. E elas precisam descobrir qual é. A pessoa que achar o carro terá o privilégio de dirigir sempre feliz. Por outro lado, se ninguém encontrá-lo, ou se o dono atual não quiser vendê-lo, ou se acabarem ficando com outro carro, elas podem até ter um meio de transporte, mas nunca vai ser tão bom.

Como você poderia fazer alguém acreditar em uma coisa tão doida? Fácil: inventando histórias lindas sobre pessoas que encontraram "o carro perfeito". Convencendo as pessoas de que o lugar desse carro é na casa delas. Fazendo os consumidores acreditarem que o carro tem o tanque sempre cheio e nunca vai precisar de mecânico nem de combustível. Ajudaria muito se você criasse um site de carros para os compradores escolherem veículos que atendem às expectativas deles. As pessoas poderiam digitar as preferências – tração nas quatro rodas, capacidade do motor, portas suicidas, faróis azuis –, e as sugestões seriam entregues direto no seu computador.

Em seguida, invente uma tradição: no momento de assinar o contrato de compra do veículo, há uma grande festa em que todos os amigos do novo proprietário jogam coisas nele, tiram fotos, e ele veste uma roupa caríssima que nunca mais vai usar.

E, claro, se o veículo alguma vez deixar o motorista infeliz, se tiver um arranhão, se o cinto de segurança ficar preso ou se aquela porcaria de luz de freio queimar, o dono do carro pode revendê-lo, mas vai perder muito dinheiro com isso.

É óbvio que isso é loucura. Se fosse assim, ou as pessoas nunca comprariam um carro. ou ficariam em um esquema de trocas sem fim e enlouqueceriam. Acreditar que há só um carro, uma calça, um penteado ou uma garrafa de cerveja perfeita é uma ótima forma de nunca mais usar calças ou tomar cerveja.

Da mesma forma, a busca por uma alma gêmea é infrutífera e destrutiva. Almas gêmeas não existem. Ao menos, não é algo que podemos encontrar. Esse é um mito criado por pessoas que querem que gastemos com ingressos de cinema, downloads de músicas e sites de relacionamento. A chance de você encontrar, se apaixonar, namorar e ter um vínculo contratual com a única pessoa perfeita para você é extremamente pequena.

Nós não achamos uma alma gêmea como uma conchinha incrível que encontramos na praia. Nós nos tornamos almas gêmeas. E, quando fazemos isso, a outra pessoa se torna a nossa. Um de nós é a areia, e o outro, as ondas; juntos nós formamos a praia, mudando a forma e o caminho um do outro e talvez até mesmo trazendo algumas conchinhas incríveis para a superfície com algas marinhas e uma linha de pesca emaranhada.

Apesar de tudo, isso não quer dizer que seu parceiro vai completar você. Ele não vai transformar você logo de cara em uma versão diferente, uma pessoa sempre feliz, ou sempre pontual, ou que nunca comete erros. Você pode até pensar que encontrou a combinação perfeita (alguém sexy, atencioso e quase chef de cozinha), e que agora todos os seus problemas estão resolvidos, mas não é bem assim. Não é isso que você faz quando se casa. O casamento significa apostar em outra pessoa e dizer: "Parece que essa jornada pode ser mais divertida com você".

Carol Dweck, psicóloga da Universidade Stanford, tem uma teoria sobre mentalidades fixas e de crescimento. Segundo ela, a mentalidade fixa é aquela em que os indivíduos acreditam que suas habilidades, seus interesses e sua inteligência estão determinados desde o nascimento. Já na mentalidade de crescimento acredita-se que interesses e habilidades podem ser cultivados. Pessoas com mentalidade fixa gastam muito tempo procurando sua paixão ou sua carreira; as que possuem mentalidade de crescimento tendem a trabalhar por mais tempo nas coisas e a desenvolvê-las. O casamento requer uma mentalidade de crescimento. Você não precisa viver com a pessoa perfeita, basta viver com outra pessoa. Juntos, vocês podem aperfeiçoar a comunicação, a consideração e a valorização das manias um do outro.

Como regra de ouro, saiba que, em algum momento, quase tudo em seu parceiro vai irritar você mais do que deveria. Ele não vai mudar quando você quiser. Ele vai mudar quando você não quiser. Quanto mais você o conhece, mais as coisas que te encantaram no começo vão se tornar algo que te dá vontade de colocar fogo no seu cabelo só para poder sair de perto dele por cinco minutos. Você não resolve o problema da intimidade quando escolhe a pessoa certa — mesmo assim, eu insisto, escolha com cautela —; você resolve quando decide o que vai fazer depois que o encanto acabar e notar que ela vai ficar com você para o resto da sua vida.

Quando conheci meu marido, eu amava o jeito como ele adorava o que fazia. Toda aquela paixão pela arquitetura era inebriante. Meu pai, que trabalhava com resseguro, o que ele chamava de "o lado terrivelmente chato" do seguro, era um provedor sólido, mas tinha pouca ou nenhuma inclinação para discutir seu trabalho. Toda noite ele perguntava mil coisas para minha mãe, uma professora. Assim, ele poderia saber do dia dela sem ter que falar muito sobre o dele. Meu marido, por outro lado, ficava animado com o que fazia. Era emocionante. E ele era bom mesmo nisso e ficava animado ao notar que outras pessoas eram boas também. Seu entusiasmo era contagioso, e eu o acompanhava em seus passeios por livrarias distantes (lembra-se delas?), prédios pouco conhecidos e até mesmo – para você ver o nível da minha queda por ele – palestras.

Apesar de tudo, eu acabei me cansando disso. Todas as conversas, todo o nosso tempo livre e os nossos planos eram voltados para a arquitetura. Eu ansiava por conversas bobas sobre música ou o clima, ou uma viagem legal para o deserto ou em alto--mar, qualquer lugar sem prédios. Não tinha como ele viver essa grande paixão com tanta intensidade ao meu lado e eu não ficar entediada em alguns momentos. São dois lados da mesma moeda.

E eu também não sou muito agradável. Eu sou aquela que lida com quase todas as situações tentando ver a graça delas. As pessoas gostam disso. É uma atitude que pode animar uma reunião ou trazer luz para um momento sombrio. É útil para escrever com prazos curtos. Na verdade, o tipo certo de humor pode ser bem útil para fazer o casamento durar,[5] mas, ao mesmo tempo, quem acha graça em tudo pode ser insensível às vezes. Não é o tipo de pessoa ideal para uma reunião séria, ou uma discussão íntima sobre algo triste, ou para falar de você para os seus sócios. Essa atitude pode ser prejudicial para a duração dos casamentos.[6] Pode ser algo bem chato.

Posso dizer que eu exagero nas piadas 70% das vezes e machuco os sentimentos dos outros pelo menos 12,5%. Esses percentuais melhoraram muito da minha juventude até hoje, mas eu simplesmente não consigo descobrir quais são esses 12,5% em que eu deveria calar a boca. E, mesmo se eu conseguisse ficar sem fazer piada perto das pessoas que amo, eu teria a impressão de estar sendo negligente. Que tipo de monstro não tenta fazer sua família rir?

O fato não é que não conseguimos mudar nosso parceiro; é que não iríamos querer. As coisas que amamos neles estão organicamente ligadas às que nos deixam doidos. Seu parceiro é incrivelmente saudável? Então você vai surtar por causa do tempo que ele passa se exercitando. Seu parceiro é lindo? Você vai se incomodar com os olhares de estranhos. Ama a criatividade dele? Com ela, vem a bagunça. Seu parceiro é superorganizado e limpinho? Não mexa nas coisas dele!

O amigo chato da intimidade

Assim como minha mãe, a maior parte das pessoas aceita que o tédio, a frustração e a decepção são consequências inevitáveis da intimidade. São coisas problemáticas, mas gerenciáveis. Podem causar tristeza, mas provavelmente não vão fazer um casal se separar. O verdadeiro problema com a intimidade é que ela cria um solo fértil para o desrespeito. Você já deve ter notado desrespeito em casais ao seu redor, naquele jantar, brunch ou em uma partida de futebol das crianças, quando o parceiro brincalhão de repente fica sério e o outro não para de olhar para as pernas, tentando não surtar. O desrespeito é um dos maiores destruidores de casamentos, deixando feridas e esgotando a alegria de suas vítimas. Conheci uma mulher que decidiu que nunca mais iria se casar depois de ter ouvido o desrespeito na voz do marido uma única vez, de tão corrosivo que foi.

O desrespeito é uma versão armada do desprezo. O respeito parece tão formal e impessoal, e ainda assim satisfaz um desejo humano básico: ser reconhecido e amado ao mesmo tempo. Ser amado por alguém que já viu você com os olhos remelentos ou coçando a genitália ou depois de três dias de uma gripe forte. Desprezar um atleta ou um político que não te interessa é uma coisa; difamar ou diminuir alguém que viveu, comeu, dormiu e transou com você é péssimo. O casamento é uma ferramenta desumana e eficiente para ajudar pessoas a ter desrespeito. Pouquíssimas instituições permitem que seus membros recolham tantas informações comprometedoras sobre os outros e, ao mesmo tempo, oferecem tantas oportunidades de usá-las. Quase ninguém consegue jogar bombas tão certeiras de desrespeito quanto pessoas que já foram casadas. Os irmãos chegam perto, mas nem eles convivem tão perto por tanto tempo.

Uma amiga me disse que queria largar o marido quando começou a se incomodar com o jeito como ele comia macarrão. Ele mastigava tão alto que ela conseguia ouvir o barulho do outro lado da sala. Isso a irritava demais. E ela não é a única. O psiquiatra Phil Stutz afirma que o fim de um relacionamento começa quando um tem nojo da boca do outro. Existe uma condição neurológica chamada misofonia, na qual barulhos geralmente neutros ou comuns são gatilhos para ansiedade e estresse nas pessoas. Neurocientistas acreditam que, quando aqueles que sofrem de misofonia escutam seus sons de gatilho, a parte do cérebro que controla emoções subjetivas – nojo, medo, tristeza – também é ativada. O ex-marido da minha amiga não estava comendo macarrão alto demais; era o barulho que despertava o nojo que ela já estava sentindo por ele.

Esse "divórcio da mastigação" fez mais sentido para mim quando encontrei um experimento[7] pequeno e interessante, de 1980, em que alguns observadores treinados ficaram na casa de vários casais para observar e tomar nota apenas das trocas positivas entre eles. Os casais observados também foram instruídos a registrar as próprias interações positivas. Casais felizes levantaram dados muito próximos aos dos pesquisadores sobre os momentos bons que tiveram. Já aqueles que estavam infelizes levantaram apenas metade, e 50% das comunicações que os observadores anotaram como positivas eram vistas por eles como negativas.

Robert Weiss, psicólogo da Universidade do Oregon, chamou isso de "sobreposição de sentimentos negativos",[8] quando nossos sentimentos negativos se sobrepõem a nossas habilidades cognitivas e nós interpretamos a fala e o comportamento (ou o barulho de mastigação) de nossos parceiros da pior maneira possível, mesmo quando são neutros ou positivos. É o oposto de ver a vida cor-de-rosa: em vez disso, só conseguimos reconhecer as coisas que odiamos.

Após centenas de milhares de interações com o mesmo ser humano, nós desenvolvemos quase um manual de como eles funcionam. Isso é normal e natural; poupa energia cognitiva quando temos interações parecidas. Eu sei que meu marido não consegue fazer várias coisas ao mesmo tempo – ele não conversa enquanto está cozinhando ou mandando mensagens – e que, se ele gritar palavrões de outro cômodo, é boa notícia, porque ele está consertando alguma coisa em casa.

No entanto, esses manuais internalizados também podem estar muito errados, ainda mais se as coisas que o nosso parceiro faz nos magoam ou incomodam. Às vezes, o que supomos que ele está dizendo ou fazendo não é o que ele realmente quis dizer ou fazer. Eu tenho amigos que tiveram esse problema com pão. Ela reclamou que o marido lhe deu a primeira fatia do pão, a casca, aquela que ninguém quer. Só que, na família dele, essa era a melhor parte. O que ele supôs ser um ato de generosidade a minha amiga entendeu como um sinal de que ela não era digna da fatia molinha do pão. Por que cargas d'água o marido ia querer que ela comesse a pior fatia do pão? Não tem motivo. É só uma sobreposição de sentimentos negativos.

Como se livrar desse ciclo negativo e acabar com o desrespeito quando o casal não tem mais mistérios, novidades nem coisas emocionantes em comum, quando um não suporta mais os defeitos irreparáveis do outro?

Você tem todo o direito de mudar de opinião

Uma escolha muito importante seria não presumir que seu parceiro tem intenções ruins. Tirando algumas situações bem raras, ele não está te perseguindo. Nem tentando te atingir ou te irritar. Eu sei que às vezes é difícil acreditar nisso. Nenhuma pessoa racional acreditaria que meu marido não consegue lembrar onde os envelopes ficam guardados, por exemplo. Mas essa dificuldade dele até que me diverte. O homem simplesmente vive em um mundo sem materiais de escritório. É seu ponto cego, sua visão masculina, por assim dizer. A verdade é que essa incapacidade que ele tem de lembrar as coordenadas dos itens de papelaria não é um reflexo do que ele pensa de mim, mas do que ele pensa dos envelopes. E agora eu até penso nessa incompetência postal com certo carinho. É como a marca de nascença no seu queixo, um defeito peculiar que não faz mal a ninguém (o fato de quase nunca enviarmos cartas não deve ser um problema).

Outra dica que terapeutas e estudiosos dão aos casais é que usem a intimidade como uma ferramenta, e não como uma arma.

Casais que se consideram uma equipe, parceiros engajados em um mesmo empreendimento, tendem a fazer isso com mais facilidade. Ou seja, os parceiros não ficam juntos só porque isso faz bem e traz felicidade. Um casal constrói algo: um casamento, uma família ou qualquer outro tipo de compromisso duradouro.

Aliás, Carl Whitaker, um dos padrinhos da terapia familiar, costumava comparar a unidade familiar a um time esportivo que joga junto há bastante tempo: eles conhecem as estratégias um do outro, então têm uma forte conexão. É por isso que alguns times são melhores do que outros. O Chicago Bulls nos anos 1990, a seleção de críquete do Caribe nos anos 1970, a seleção brasileira de futebol em 1997. Individualmente, esses jogadores não são os melhores (é claro que não há nada de mau em ter um Michael Jordan ou um Ronaldo), mas eles trabalharam juntos como um time. A seleção era melhor do que apenas Ronaldo, Romário e Roberto Carlos.

Com a mentalidade de time, é muito mais fácil fazer aquilo que geralmente achamos chato – daí a expressão "trabalho em equipe". No beisebol, o rebatedor pode rebater um *fly* de sacrifício para ajudar o corredor que está na terceira base. No hóquei no gelo, um jogador pode arrumar briga para desestabilizar o time adversário. No ciclismo, os gregários podem até sair da corrida para buscar água para o resto da equipe. Eles não fazem isso porque querem agradar seu melhor amigo, mas porque querem que o time vá bem. O mais importante é o time. Assim como o time que você forma com o seu parceiro: o casamento ou o relacionamento também tem seu valor. Vocês não estão juntos só por um ou pelo outro, mas também por algo a mais que existe entre os dois.

Focar os relacionamentos é a chave para uma união longa e feliz, e seu efeito biológico foi comprovado. Em 2009, um estudo[9] feito com mulheres do Texas, nos Estados Unidos, observou que o nível de cortisol na saliva aumentava quando elas pensavam no relacionamento com seus parceiros. Segundo os pesquisadores, essa é uma das reações corporais de uma pessoa apaixonada.

É isto que um relacionamento pode ser: mais do que a soma de dois seres humanos. Quando focamos o relacionamento, fica mais fácil respeitar o parceiro, entendê-lo e não considerá-lo alguém irritante. É mais fácil fazer as coisinhas bobas que fazem toda a diferença.

Coisinhas bobas que fazem toda a diferença

A forma mais fácil de alterar qualquer comportamento habitual é começar aos poucos. Adotar pequenas mudanças na maneira de tratar o parceiro pode fazer a diferença. Aqui vai uma técnica para todos aqueles que querem fazer seu relacionamento durar. É meio difícil se acostumar, mas basta um pouco de prática:

1. Perceba alguma coisa boa que seu parceiro fez (procure muito, se necessário).
2. Agradeça por ele ter feito isso.
3. Se possível, não faça ressalvas logo após o agradecimento. ("Muito obrigada por ter feito o jantar, mas acho que você usou todo o parmesão": inaceitável. "Muito obrigada por ter acendido a lareira": aceitável.)

Parecem frases feitas e artificiais, mas pesquisas sólidas mostram que o simples fato de agradecer ao parceiro pode mudar muita coisa. Um estudo[10] de 2015 do Centro de Pesquisas sobre a Família da Universidade da Georgia, nos Estados Unidos, descobriu que expressar gratidão ao parceiro é "crucial e significativo para melhorar a qualidade conjugal". Aproximadamente quinhentos casais norte-americanos responderam a perguntas sobre como lidavam com o estresse no relacionamento. Os pesquisadores descobriram que a gratidão tinha um efeito quase de proteção, mesmo em meio a brigas ou problemas financeiros que os casais poderiam estar enfrentando. "Ainda que um casal esteja com problemas emocionais ou em outras áreas", disse o autor principal, Allen Barton, "a gratidão em um relacionamento pode ajudar a trazer benefícios para o casamento". Também faz sentido... Ao agradecer a alguém, você demonstra não estar subestimando essa pessoa. Ou, ao menos, ela vai sentir que você não está.

Outro estudo,[11] da Universidade do Estado da Flórida, em 2011, descobriu que o ato de agradecer a um parceiro causa uma percepção mais positiva dessa pessoa. Os participantes que tinham como tarefa expressar mais gratidão a seus parceiros passaram a percebê-los melhor do que os participantes que não precisaram executar a tarefa. Essa percepção positiva também levou os participantes mais gratos a se sentirem mais confortáveis para falar sobre o que deveriam melhorar no relacionamento. Como resultado, o sentimento de mágoa desses participantes diminuiu. A mágoa age na conexão humana como uma meia molhada age no pé. Causa atrito. A gratidão é como um curativo que colocamos na ferida para poder continuar caminhando, correndo ou simplesmente se arrastando. É um amortecedor de mágoas.

Uma hora, como a sua mãe deve ter falado, agradecer ao parceiro torna-se um reflexo, você faz o seu parceiro se sentir bem e nem se dá conta disso, o que é como o paraíso do casamento. Pesquisadores do Instituto Gottman – provavelmente a organização de instrução e pesquisa sobre casamento mais reconhecida nos Estados Unidos – estabeleceram a ótima proporção entre interações negativas e positivas em 1:5. Ou seja, para cada vez que você diz alguma coisa negativa para o seu parceiro, precisa dizer ou fazer cinco coisas boas. Descobri que de manhã cedo, logo depois que os dois chegam do trabalho, e logo antes de dormir são momentos muito bons para tirar três dessas coisas do caminho: "Você dormiu bem?", "Estou tão feliz que você está (ou eu estou) em casa!". Para terminar, um elogio durante a noite. Não dói nada. Depois disso, fica mais fácil falar sobre a roupa que ficou amarrotada.

Outra prática bem simples: celebre as vitórias do seu parceiro. Um importante pesquisador de casamentos que eu entrevistei me contou orgulhoso sobre o dia em que um artigo da sua esposa havia sido aceito em uma revista acadêmica de prestígio e ele imprimiu o e-mail da notificação do tamanho de um pôster e prendeu na porta de entrada. Esse tipo de atitude funciona porque não estamos simplesmente valorizando nosso parceiro, mas também estamos reconhecendo e demonstrando nossa admiração por ele. Isso tem um efeito positivo nos dois, e se alinha bem com as observações de Finkel sobre o ideal moderno de ter um parceiro que mostre e desperte a melhor versão de nós.

Ironicamente, outra forma de ser um "casal consciente", como alguns famosos gurus de casamento agora dizem, é pedir um favor para o parceiro. Isso parece meio suspeito, mas é um fenômeno natural, que tem nome: o efeito Franklin. Dizem que Benjamin Franklin, sabendo que um membro do gabinete não gostava dele, pediu emprestado um livro raro que ele sabia que o homem tinha. Depois que Franklin devolveu o livro, com um bilhete, o homem ficou mais simpático com ele.

Pesquisas sugerem que pedir favores para as pessoas faz com que elas tenham sentimentos mais positivos em relação a você. Em um famoso experimento[12] dos anos 1960, dois pesquisadores ofereceram um prêmio em dinheiro e depois trataram os vencedores de três formas diferentes. Um homem fingindo ser um pesquisador pediu pessoalmente ao grupo 1 que devolvesse o dinheiro, que pertencia a ele, porque ele estava passando por dificuldades. Um "secretário" fictício pediu ao grupo 2 que devolvesse o prêmio porque o orçamento de seu departamento estava apertado. O terceiro grupo não foi contatado. Depois que os três grupos foram analisados, o grupo 1, que tinha feito um favor ao pesquisador, sentiu-se mais à vontade em relação a ele. O grupo 2, que tinha lidado com o secretário, sentiu-se menos à vontade, e o grupo 3 ficou no meio.

Pesquisadores acreditam que o motivo de a técnica do favor funcionar pode estar relacionado à teoria da autopercepção. Ajudar alguém nos faz sentir que somos a pessoa que queremos ser, o tipo de pessoa que acreditamos ser. Nós somos queridos, outras pessoas podem contar com a nossa ajuda. É por isso que é essencial que tudo seja visto como um favor, não como expectativa (e obviamente não exija trabalho demais.) Também é muito mais eficaz quando o favor não é uma tarefa chata que qualquer pessoa poderia executar, e sim algo que exalte as habilidades do seu parceiro. "Querido, como você resolveria esse problema que eu estou tendo com um colega de trabalho?" entra nessa categoria. "Você pode aspirar o carro?" não entra.

Scott Stanley, terapeuta, professor pesquisador e codiretor do Centro de Estudos Conjugais e Familiares da Universidade de Denver, afirma que uma de suas técnicas favoritas é fazer o parceiro realizar alguma ação pequena, mas incomum para o outro sem ter sido pedida. "Eu costumo dizer: 'Tente pensar em alguma coisa que você pode fazer pelo seu parceiro esta semana, que ele goste e que você não faça normalmente', isso é realizável", ele me disse. Pode ser tão pequeno quanto arrumar a cama, ou levar as crianças para passear para deixar o parceiro dormir. Segundo Stanley, isso funciona de duas maneiras: 1) por causa do efeito Franklin mencionado anteriormente e (2) porque faz os parceiros pensarem sobre o dia do outro, sobre as pressões que o outro está sofrendo, e assim ter empatia por ele. Estudos[13] mostraram que generosidade e casamento andam juntos, mais ou menos como a água e o tobogã; um deixa o outro mais divertido.

Outra prática talvez não tão óbvia que os pesquisadores sugerem é a oração. Não do tipo "Por favor, Jesus, acabe com isso", mas a oração que foca o bem-estar do parceiro. Um estudo recente[14] mostrou que as pessoas que oravam mais por seus parceiros afirmavam ter um casamento menos estressante do que aquelas que oravam menos. Outro estudo, de 2014, feito com mais de duzentos casais afro-americanos casados há mais de dez anos, descobriu que os parceiros que oravam um pelo outro tinham mais satisfação no casamento e maiores níveis de comprometimento.[15] Um terceiro estudo mostrou que casais que participavam de programas de terapia de casal com orações tinham mais satisfação no casamento do que aqueles que não participavam.[16]

Brian Ogolsky, professor associado de estudos de desenvolvimento humano e da família, da Universidade de Illinois Urbana-Champaign, analisou cinquenta anos de estudos sobre manutenção de relacionamentos e ficou surpreso ao ver como os dados sobre oração eram sólidos. "Os caras que estão fazendo esse trabalho são bem conhecidos na esfera dos relacionamentos e não fazem parte de instituições religiosas", ele me disse. "Se você tivesse me perguntado o que eu achava disso cinco anos atrás, eu teria dito, 'Ah, não'." Pesquisadores sugeriram que talvez essa técnica funcione porque é realizada por pessoas religiosas que já são comprometidas com a ideia do casamento ou porque faz as pessoas pensarem no parceiro ou em um conflito de forma diferente, com mais compaixão. Também é possível que os efeitos meditativos da oração sejam similares aos da atenção plena e das técnicas de respiração. Além disso, sempre existe a possibilidade de dar certo, graças à ajuda de alguém lá de cima.

Não é só o que você faz para o seu parceiro, é o que você faz com ele

Um modelo da ciência do relacionamento, conhecido como o modelo da autoexpansão, sugere que a emoção vivenciada durante os primeiros dias do romance surge do desenvolvimento intenso da proximidade. Arthur Aron, professor de psicologia e patrono do campus de Stony Brook da Universidade Estadual de Nova York me explicou: "existem duas coisas que são parte de nossa evolução. Uma é sobreviver, e a outra é desenvolver novas identidades, compreensões e habilidades para podermos ser mais produtivos, viver mais e melhor. Então uma motivação que temos na vida é expandir o nosso eu, aumentar nossa habilidade de realizar coisas. Uma das maneiras de alcançar isso é formar relacionamentos". O cérebro é galvanizado por todas as novas informações que recebe sobre outro ser humano com tanta intensidade que os apaixonados se sentem mais vivos com as sensações ao redor deles. Obviamente, apesar disso, a curva do aprendizado perde a intensidade com o tempo – e a emoção também.

Aron e seus colegas teorizaram que pedir aos casais que fizessem coisas emocionantes juntos para aprender coisas novas poderia melhorar o relacionamento. A ideia é que, quando fazemos nosso cérebro trabalhar em uma atividade excitante – ou, como eles diriam, expandimos o nosso eu em proximidade com o parceiro –, nosso cérebro sente prazer e, por sua vez, associa esse prazer ao nosso parceiro.

Eles testaram[17] essa teoria em 53 casais de meia-idade que passaram noventa minutos da semana engajados em uma atividade proposta. Alguns casais escolheram a partir de uma lista de atividades "emocionantes" – esquiar, escalar, dançar, ir a shows. Outro grupo fez coisas "agradáveis" como ir ao cinema, comer fora, visitar amigos. Um terceiro grupo não fez nada de diferente. Os casais que participaram das atividades emocionantes vivenciaram níveis maiores de satisfação conjugal durante o estudo. Então funcionou, pelo menos no curto prazo.

Se você acha que a ideia de encontrar formas de associar seu parceiro a momentos bons parece estranha, você não é o único. James McNulty, professor de psicologia da Universidade Estadual da Flórida, também tinha dúvidas. Oficiais do Departamento de Defesa solicitaram que McNulty e sua equipe de pesquisadores encontrassem formas de ajudar o casamento de militares que estavam passando por situações estressantes em combate, longe de suas esposas. (Um estudo[18] mostrou que a probabilidade de divórcio entre veteranos de combate é 62% maior do que entre outros veteranos.) Eles decidiram fazer um experimento[19] mudando os sentimentos que as pessoas associavam aos seus parceiros.

Eles pediram a alguns casais que olhassem fotos de seus parceiros em meio a outras fotos aleatórias, como filhotes de cachorro, pizza, bebês, e a palavra *maravilhoso*, a cada três dias, durante seis semanas. Outros casais viram fotos de seus parceiros com uma imagem neutra, como um botão. A cada duas semanas, os pesquisadores examinavam os participantes para ver se eles associavam seus parceiros a pensamentos felizes ou tristes. À medida que o experimento seguia, aqueles que receberam as fotos felizes associavam seus parceiros a coisas cada vez mais positivas. Eles também afirmaram sentir-se melhor no casamento.

Infelizmente, McNulty não considerou o efeito poderoso o suficiente para se tornar um aplicativo salvador de casamentos, em que olhamos para fotos de filhotes de pandas e de nosso parceiro ao mesmo tempo e vivemos felizes para sempre. Mesmo assim, isso mostra como nossos instintos em relação a nosso parceiro são importantes e mutáveis.

O oposto também parece real. Pessoas que associam seus parceiros ao trabalho pesado têm casamentos mais infelizes. Em um estudo longitudinal,[20] pesquisadores analisaram 123 casais durante nove anos e descobriram que aqueles que afirmaram estar entediados no relacionamento durante o sétimo ano de casamento tinham ainda menos satisfação conjugal no décimo sexto ano. Isso era verdade tanto para homens quanto para mulheres de diversas raças e classes sociais. Os pesquisadores acreditam que isso ocorria porque o tédio levava à diminuição da proximidade. Ficar entediado com o parceiro nos leva a passar menos tempo com ele, o que nos deixa ainda menos próximos.

Terapeutas me disseram que o simples ato de planejar atividades futuras deixa as pessoas mais próximas. Isso é mais ou menos a definição de comprometimento, uma visão de união no longo prazo. "Comprometimento é, em grande parte, acreditar em um futuro", diz Scott Stanley. "Conversar e pensar sobre o futuro do casal reforça isso." Esse horizonte compartilhado apoia a noção de melhorar o relacionamento que citei neste capítulo, a ideia de trabalhar em equipe.

A sugestão de tentar aprender coisas novas com o seu parceiro não é novidade. É quase clichê. Mas está mais ameaçada de extinção do que nunca, graças à solidão da diversão digital. Sair e fazer coisas requer dedicação e, às vezes, dinheiro, enquanto jogar Candy Crush, postar no Instagram ou ver Netflix, não. Existem mais rivais do que nunca para o nosso tempo livre, e nós os carregamos conosco para todo lugar. As redes sociais, por exemplo, são uma faca de dois gumes. Olhar o *feed* de outras pessoas é bem útil contra o tédio e a solidão, mas pode tirar nossa atenção daquela pessoa que já é próxima demais para ser prioridade, ou pode tornar essa pessoa alguém chato, em comparação com o "mundo virtual".[21] Pode ampliar nosso círculo e oferecer o apoio e pontos de vista que às vezes nosso parceiro não consegue oferecer, mas também pode afastar nossa atenção e diminuir cada vez mais as interações e a iniciativa com nosso parceiro. E a versão on-line do nosso parceiro pode ser um retrato fascinante de como ele vê o mundo ou como gostaria de ser visto, mas também pode ser alienante e nos dar a sensação de estarmos sendo excluídos.

Claro, essas atividades digitais não precisam ser solitárias. As redes sociais oferecem várias formas de se conectar com o seu parceiro. Casais criam perfis no Instagram juntos ou seguem interesses próximos. Sheryl Sandberg, chefe de operações do Facebook e fundadora da Lean In, diz que, depois que seu marido morreu, uma das coisas de que ela mais sentia falta era jogar palavras cruzadas on-line com ele. Muitos casais jogam videogame juntos; a internet está cheia de listas dos melhores jogos para se jogar em dupla. Mesmo assim, nada disso deveria substituir novas aventuras.

E essas aventuras não precisam ser só a dois. Estudos mostram que casais que são amigos próximos de outros casais tendem a ser muito mais felizes no casamento e a sobreviver melhor em situações difíceis. "Ter amizades com outros casais é extremamente benéfico para o relacionamento", Aron me disse. Isso se inclui na teoria de autoexpansão, porque passamos a aprender sobre outras pessoas e sobre nosso parceiro, mas também faz sentido em termos mais gerais: o outro casal pode ampliar nossos horizontes e nossos pontos de vista, pode participar de celebrações, podem se tornar uma referência.

Em 2015, Aron ficou brevemente no centro das atenções da mídia depois de ter elaborado 36 perguntas que ele supôs aumentarem a intimidade entre casais. Isso porque, para respondê-las, as pessoas precisavam estar dispostas a ficar vulneráveis. A vulnerabilidade mútua é o caminho mais curto para a proximidade (também é por isso que pessoas em relacionamentos novos ficam acordadas a noite inteira compartilhando segredos). A lista incluía perguntas como:

- Quando foi a última vez que você cantou para si mesmo? E para outra pessoa?
- Se você pudesse viver até os 90 anos e manter a mente ou o corpo de alguém de 30 anos pelos últimos sessenta anos da sua vida, qual você escolheria?
- Você tem uma intuição secreta de como você vai morrer?
- Se você pudesse acordar amanhã com qualquer qualidade ou habilidade, qual seria?
- Diga três coisas que você e seu parceiro têm em comum.
- Qual é sua lembrança mais feliz?
- Qual é sua lembrança mais desagradável?[22]

As pessoas começaram a usar essas perguntas para conhecer colegas de quarto, sogros e outros conhecidos. Por outro lado, pode ser estranho tirar todas essas informações de alguém que já conhecemos bem. (Eu tentei com a minha mãe. Não deu certo.) Por isso, Aron tem outra sugestão: "Acontece que pode ser muito mais eficaz fazer essas perguntas acompanhado de outro casal", ele diz. Esse é o tipo de coisa que podemos aprender com alguém só de passar tempo com ele, mas a curva do aprendizado é muito mais abrupta, e o cérebro gosta disso.

(Para ler todas as perguntas, veja o apêndice.)

Guarde um pouco de você para si mesmo

Isso nos leva à questão: devemos seguir os antigos conselhos de casamento e tentar ter interesse nos hobbies do nosso parceiro? Os estudos a respeito disso são contraditórios. Em um mundo perfeito, um hobby em comum com a pessoa que vai passar o resto da vida conosco é algo que devemos desejar com devoção. Por outro lado, pesquisas[23] indicam que muitos desses hobbies "em comum", na verdade, são apenas do marido. A esposa, na tentativa de melhorar o relacionamento, aceita as preferências do marido e não insiste nas dela. Por que as esposas são mais propensas a abrir mão de seus interesses? Porque parece mais fácil. "Desistir é uma forma que as mulheres encontraram de lidar com o choque entre as expectativas do século 21 com um parceiro do século 20", escreve Terrence Real.[24] O problema surge quando as mulheres que nunca podem escolher o que fazer começam a sentir mágoa, um pré-requisito necessário do desprezo.

Além disso, tentar fazer tudo com o parceiro tem um alto nível de dificuldade e é um passo rumo à monotonia. Sinta-se à vontade, ou até mesmo obrigado, a ter interesses próprios. Hoje eu me interesso por arquitetura e posso falar sobre o trabalho de Frank Gehry e Zaha Hadid com certo grau de erudição. Eu percebo formas, consigo ver beleza na arquitetura brutalista e, se tiver tempo suficiente para ver todos os ângulos, *quase* consigo entender uma planta de arquitetura. Mas nunca vou amar arquitetura como meu marido ama. Em algum momento durante a discussão sobre circulação e elementos programáticos, eu fico inquieta. Ele, por outro lado, presta mais atenção do que nunca nas questões políticas do cotidiano: coisas que eu vejo e relato obsessivamente todo dia. Eu não diria que ele é viciado, mas posso dizer que ele faz "uso recreativo" das notícias. Ele me apresentou o mundo dos mochileiros. Eu mostrei a ele as maravilhas das férias na praia.

Só que eu não tenho paciência para as técnicas culinárias esotéricas que ele ama ou para torneios de tênis; ele foi à ioga apenas duas vezes, uma delas no meu aniversário, e não sabe nada sobre os humoristas icônicos da nossa cultura. Eu poderia dizer "Deus me livre, mas quem me dera" e ele ficaria completamente sem entender. E tudo bem. Deus sabe que posso conversar com várias pessoas sobre os méritos da obra de Buck Henry e Amy Schumer. Eu não preciso que meu marido ame tudo que eu amo. Mas não significa que eu tenha que desistir dessas coisas. São as diferenças que nos tornam interessantes um para o outro. Entre todas as outras coisas que você tem que fazer, tente manter seus próprios interesses. James Sexton, advogado especialista em divórcios, em seu livro *If You're in My Office, It's Too Late* [Se você está no meu escritório, é tarde demais] afirma já ter visto muitas pessoas que estavam infelizes no casamento porque haviam deixado de lado as partes de si mesmas que lhes traziam alegria. Tente fazer coisas diferentes com o seu parceiro. Como Sexton escreve: "Não dá para dizer 'Acabei de me lembrar daquela história doida de quando nós dois sentamos juntos e assistimos Netflix' todas as noites antes de dormir".

Da mesma forma, eu não consigo resolver, nem entender, todos os problemas do meu marido. Ele cuida de negociações complexas com clientes, fornecedores e funcionários da prefeitura que fazem meus olhos se encherem de tédio. E ele não consegue resolver os meus. Ele não pode impedir que os editores excluam minhas frases preferidas nem obrigar as pessoas a retornar minhas ligações. E eu nem quero que ele faça isso. Um dos maiores erros que os homens cometem quando suas esposas têm um problema é tentar resolvê-lo. Eles estão cansados de ouvir falar disso e querem o assunto resolvido, para poderem fazer outra coisa. Mas muitos problemas não têm solução, ou são difíceis de resolver. Geralmente as esposas só querem alguém para ouvi-las, para compartilhar o sofrimento, porque assim parece que não estão carregando o fardo sozinhas. Muitas vezes, a parceira só precisa ouvir: "Isso parece difícil". Ou: "Que pena, amor". Quando eu reprovei no meu primeiro teste de direção nos

Estados Unidos, apesar de ter a carteira em outro país, mandei uma mensagem para o meu marido, humilhada. "Poxa, um beijão para você", ele respondeu. Só isso valeu mais do que os envelopes que peguei para ele.

Isso não quer dizer que devemos rejeitar todas as tentativas de nossos parceiros de resolver as coisas. Dizer para o parceiro "Eu só quero que você escute, não precisa ajudar" é privá-lo de metade das maneiras de demonstrar amor.

Às vezes, as conversas sobre as desventuras do seu parceiro podem ser chatas, irritantes e cansativas. Por isso eu digo, sorte a sua, você tem alguém que confia em você o suficiente para compartilhar até o que é mais banal. Escute. De acordo com diversos estudos, a capacidade de prestar atenção está ligada à maior satisfação em todos os aspectos do relacionamento, incluindo mais autoestima[25] e maior interesse sexual.[26] Por exemplo, imagine que você entra na internet para comprar ingressos do show da Beyoncé. Você vai ficar um tempão atualizando o site sem parar, matando tempo e pensando que o show é caro demais, mas que, por outro lado, você vai ver a Beyoncé ao vivo. Nós fazemos esses sacrifícios o tempo todo quando achamos que valem a pena, e não tem como esse laço vitalício com outro ser humano não valer a pena.

É isso que é o amor, na verdade. Não um frio na barriga por outra pessoa nem o afeto pelo modo como alguém pode nos dar afirmação – apesar de essas coisas ajudarem muito –, mas uma disposição para nos sacrificarmos por aquela pessoa, uma decisão consciente de fazer o possível para tornar a vida daquela pessoa um pouco melhor, mais divertida, menos estressante. John Gottman (que dá nome ao instituto) diz que os verdadeiros ninjas do casamento são aqueles que não só atendem aos pedidos de seus parceiros – ele chama os pedidos de "lances" – graças a um tipo de conexão, mas estão sempre analisando o ambiente em busca de algo que afete seus parceiros, antecipando seus "lances". Fazemos isso com os nossos filhos o tempo todo. Tentamos descobrir com antecedência as necessidades deles, o que está acontecendo com eles. Nós também toleramos muitas coisas por eles. Eu não quero ir para o parque, nem jogar vários jogos bobos de princesas, nem empurrar carrinhos por aí, ou assistir a *Frozen* de novo e, com certeza, não quero ficar empurrando um balanço, porque estou entediada e cansada. Mas nós fazemos tudo isso porque existe muita felicidade em amar alguém e em fazer essa pessoa feliz. Isso interfere em diversas coisas que fazem um casamento dar certo: sexo, dinheiro, discussões, criação dos filhos. Podemos considerar os desejos dessa pessoa mais importantes que os nossos?

Lições de vida de uma caixinha de areia

Eu não posso acabar com o tédio que você sente com seu parceiro, mas posso falar sobre a tendência humana à adaptação hedônica: nossa incapacidade de considerar uma coisa muito incrível (ou muito horrível) por muito tempo. Acredita-se que os humanos têm um nível relativamente estável de felicidade, que pode diminuir temporariamente por uma adversidade (um acidente, uma demissão ou uma grande deformidade facial) ou aumentar temporariamente por um surto de boa sorte (ganhar na loteria, conseguir uma vaga boa no estacionamento, achar calças em promoção), mas que eventualmente vai voltar mais ou menos para onde estava. Isso pode ser mais fácil de explicar com a ajuda da caixinha dos nossos gatos. Nós adotamos dois gatos – Polvo e Ornitorrinco. Já gastamos uma pequena fortuna com eles e, como agradecimento, eles costumam exibir suas duas habilidades mais impressionantes: a primeira é vomitar, e a segunda é cronometrar a digestão para que um deles sempre use a caixa de areia no exato momento em que nos sentamos para comer. O gato preto, Ornitorrinco, desenvolveu uma alergia a todas as proteínas que ele tinha provado, o que é um absurdo e deve ser algum tipo de piada que todos os veterinários combinaram, porque ele só pode comer carne de coelho. Isso significa que temos que dar coelho para os dois gatos, já que os gatos compartilham até o vômito. Você já imaginou o que um coelho usa como mecanismo de defesa contra predadores? Bom, eu acho que descobri: eles ficam com cheiro de podre depois de serem digeridos. Nenhum predador que precisasse se lamber depois da refeição comeria um coelho de novo.

O odor nocivo, o cocô na hora errada e a posição das caixas de areia, que ficam perto da mesa de jantar por vários motivos chatos, conspiraram para tornar a vida na nossa casa insuportável. Nós conversamos sobre cocô de gato todos os dias. Tentamos trocar o tipo de areia. Tentamos mudar os turnos de limpeza. Consultamos veterinários amigos nossos. Não importa, a caixa dos gatos continuava causando estragos domésticos e sendo o assunto mais discutido durante as nossas refeições. Eu sugeri a meu marido que ele tratasse o problema como um desafio de design. Ele sugeriu a eutanásia. Quando eu falei que parecia um exagero, ele deixou claro que estava falando dos gatos.

Nós acabamos gastando dinheiro demais – estou falando de 500 dólares – em uma enorme caixinha autolimpante do Canadá, a caixa de areia Litter-Robot III Open Air. Se você acha isso ridículo, você tem razão. É a coisa mais feia que nós temos, sem contar o vômito de gato. Mas funciona. Quase não tem cheiro, nós não discutimos mais para saber quem vai limpar e finalmente podemos chamar amigos para nos visitarem. E você acha que de repente ficamos felizes? Não. Depois de quarenta e oito horas, nós nem percebíamos mais. Era um problema antigo.

Simplesmente começamos a achar outra coisa irritante (o Wi-Fi lento, a falta de portas na casa, quem coloca o pote de volta na geladeira só com uma uva dentro). Humanos se adaptam rapidamente a mudanças ambientais. Nós vivemos em uma esteira hedônica e não conseguimos permanecer felizes. Em pouco tempo, esquecemos a felicidade que uma mudança nos traz, por mais que tenhamos ansiado por ela.

Sim, nossos parceiros deveriam nos fazer felizes. Mas a felicidade não é duradoura como um saco de feijão; é como um suflê – incrível enquanto dura, mas impossível de guardar. No início, ficamos ansiosos para nos casar e sonhamos com o tempo que vamos passar com nossos parceiros, mas, quando passamos a morar com eles, nós nos adaptamos e ansiamos por outra coisa. Voltamos, mais ou menos, ao nível de contentamento que tínhamos antes do casamento. As pessoas acham que estar feliz no casamento é como ficar boiando em um rio sem se preocupar com o mundo. Elas estão parcialmente certas: logo alguém vai ficar entediado ou incomodado e vai chacoalhar o barco.

Um dia desses, meu marido estava cozinhando enquanto eu pagava algumas contas em outra parte da casa. "Ei", ele disse, parado perto da despensa: "Ainda temos pimenta?". *Esse é o negócio com a intimidade*, eu pensei. *É impossível ter uma família sem ela.* Eu me levantei e achei a pimenta. Estava na despensa.

CAPÍTULO 2

FAZENDO AS PAZES

Uma das brigas mais sérias e fúteis que já tive com meu marido foi por causa de uma churrasqueira. (Para deixar claro, já tivemos brigas maiores, mas foram menos fúteis. E tivemos brigas mais bobas, mas elas foram menos sérias, como uma discussão recorrente sobre por que eu sempre me esqueço de tirar a manteiga da geladeira na hora de colocar a mesa.) A briga da churrasqueira começou porque nós não temos forno em casa. Não temos forno porque meu marido é arquiteto e chef entusiasta e não é absurdamente rico, então tem sido um fardo achar um forno que combine com suas exigências de estética, culinária e preço. Nós conseguimos nos virar com um fogão cooktop e um micro-ondas. Dá para fazer quase tudo com esses dois, exceto ajudar na feira de culinária da escola das crianças (só sucesso!).

Nós não temos forno, mas temos um deck. Nós temos um deck porque meu marido é arquiteto (eu já mencionei isso, né?). E uma vez, no meu aniversário, ele decidiu enfiar um deck na parte de trás do nosso apartamento em Manhattan, e de alguma forma ele projetou um que cumpria todas as exigências de organização, material e preço. Eu sempre vou preferir um deck a um forno. Logo depois, eu dei a ideia de comprar uma churrasqueira. Ele adorou. Então ele lembrou: precisaríamos de uma saída de gás lá fora. Então nós chamaríamos um encanador e quebraríamos uma parte da parede, o que afetaria o ar-condicionado. Eu resmunguei dizendo que nós podíamos só ir até a loja e comprar uma churrasqueira e um botijão de gás, já que parecia que toda essa remoção de tijolos ia demorar mais do que achar um forno. Ele resmungou de volta dizendo que eu nunca pensava nos sonhos dele. Eu retruquei e lembrei que na verdade era ele que não estava pensando nos meus sonhos, ele estava deixando meus sonhos para depois. Talvez eu tenha chorado um pouquinho. Nós compramos uma churrasqueira e um botijão de gás. Foi um saco, porque em Manhattan só podemos comprar um segundo botijão de gás se estivermos fazendo algo que exija o uso dele (valeu de novo, Talibã!). Depois de uns dois anos, nós jogamos a churrasqueira fora (já que ela ficava sempre sem gás) e instalamos outra com gás encanado.

Eu gosto de dizer: nós dois estávamos certos! Ele gosta de dizer que nós resolvemos aquela briga gastando 400 dólares em algo que usamos por apenas dois anos. Quando as crianças não estão por perto, eu me lembro de quanto dinheiro nós gastamos com elas e não tivemos lucro nenhum. Então nós deixamos a briga de lado. Ao menos, eu deixei.

Você e a pessoa que você ama vão brigar. Não espere que vocês não briguem. Pessoas que não brigam são assustadoras. Ou a união delas não vai durar porque alguém está reprimindo um monte de sentimentos ou não tem a mínima autoestima, e essas coisas vão destruir o casamento, ou elas são ciborgues e a invasão das máquinas já começou. Casamento também é feito de brigas. Parece que estou "jogando praga", mas é verdade. Se você não encontrar um jeito de discordar, não vai conseguir ficar casado. É assim que você aprende o que é importante para você e seu parceiro. É assim que entende quais são os medos dele. É assim que você deixa claro quais são seus medos. Nós descrevemos as discussões no casamento como pequenos buracos na estrada que devem ser evitados ou tolerados, quando na verdade eles fazem parte da paisagem, precisam ser observados, mapeados e superados. Se você entender e explorar as discussões, vai saber muito mais sobre a topografia do seu amor e se conhecer melhor. Você também vai ter um esboço da rota menos perigosa para seguir no relacionamento.

É ingenuidade acreditar que duas pessoas podem entrelaçar suas vidas, pensar no futuro, dormir no mesmo quarto, lidar com os filhos e ainda decidir quem vai limpar a geladeira quando o leite vazar em cima das cebolas sem ter opiniões divergentes de vez em quando. A maior parte das pessoas não duraria nem uma semana, quem dirá uma vida. A diferença de brigar no casamento e brigar em um ringue é que no casamento você não precisa vencer. As brigas no casamento são mais como uma luta de vale-tudo. O histórico dos oponentes é mais relevante que a tensão da luta. Ficamos mais concentrados na interação entre os lutadores do que no resultado em si.

Eu sei, falando assim, parece que as pessoas que se amam deveriam ser capazes de discordar em paz. Afinal, nós todos fizemos grandes esforços para encontrar a pessoa amada e casar com ela. Nós saímos com várias pessoas, geralmente pagamos um preço alto com a dignidade e com a carteira, antes de pousar nesse ser humano que nos entendia melhor do que qualquer outra pessoa. Tivemos longas conversas noturnas e nos sentimos profundamente compreendidos ou inspirados. Descobrimos coisas novas sobre nós e sobre o mundo. Sendo assim, não deveríamos, no mínimo, ter encontrado alguém que concordasse conosco a maior parte do tempo?

Pouco provável. E, mesmo que você encontre essa pessoa, ela vai mudar. E você também vai. Ou ela não vai, mesmo se você quiser muito que ela mude. Você vai encontrar situações com as quais nunca lidou e vai ficar impressionado ao ver que sua reação natural será totalmente o oposto da reação de seu parceiro e que não vai ser possível entrar em um acordo. A forma como você lida com essas discrepâncias – desde as menores briguinhas até as discussões gigantes que vão dar vontade de encerrar a conta conjunta – vai moldar o curso do seu amor da mesma forma que um fluxo de água molda o curso de um rio. Pode transbordar, esculpir novos territórios ou formar um sulco profundo.

Alguns terapeutas acreditam que aquilo em que as pessoas mais discordam – dinheiro, sexo, filhos, bagunça – é muito menos importante do que o modo como elas discordam. E estudos[27] mostraram que esses "comportamentos conflitantes", gíria sociológica para a forma como as pessoas brigam, são muito mais propensos a causar um divórcio do que as condições financeiras, o histórico do casal e os acontecimentos ao longo da vida. John Gottman, o padrinho das pesquisas de relacionamentos, diz que consegue colocar pessoas em uma sala – na verdade, ele tem um apartamento/laboratório próprio para isso –, observar as interações e definir com um alto grau de precisão se elas vão continuar casadas ou não. Em geral, as pessoas que reagem com desrespeito, críticas, enrolação e/ou ficam na defensiva – o que ele chama de quatro cavaleiros do apocalipse – estão condenadas. (Outros terapeutas dão nomes diferentes, mas identificaram comportamentos similares.)

"Diferenças irreconciliáveis", o motivo de divórcio preferido dos ricos e famosos, deveria ser chamado de "estilo imaturo de briga". Todos temos diferenças irreconciliáveis. Só precisamos descobrir como e o que isso quer dizer. A briga sobre a churrasqueira na nossa casa moldou nosso casamento em milhares de transformações diferentes. Com ela, aprendi que gosto de terminar as coisas, mesmo quando elas não saem como eu queria. Meu marido consegue suportar muito mais sofrimento para conseguir o que quer. Uma forma de dizer isso é que eu sou sossegada e ele é rigoroso. Outra é que eu sou realista e ele é doido. Entender não significa ter a senha para decodificar alguns comportamentos um do outro; significa ter a senha para decodificar a nós mesmos.

E nem mesmo o autoconhecimento acaba com as brigas. Elas ainda precisam acontecer. É mais ou menos como tirar o lixo. Algumas pessoas gostam de fazer isso todos os dias para deixar a casa organizada. Outras preferem esperar até ter um saco de lixo gigantesco para se livrar dele. Mais cedo ou mais tarde, todos precisamos arregaçar as mangas e negociar, argumentar ou aceitar os acordos para podermos chegar às partes divertidas.

Uma briga justa é uma briga difícil

O psicólogo e terapeuta Stan Tatkin, que desenvolveu uma técnica de terapia conjugal chamada de PACT (abordagem psicobiológica para a terapia de casais) e escreveu vários livros sobre o cérebro e o amor, afirma que existem apenas três coisas que impedem os seres humanos de resolver diferenças de forma construtiva: nós não conseguimos nos expressar com clareza, nossa percepção é péssima, e nossa memória é horrível. "Podemos dizer que a maioria dos problemas entre as pessoas surge por causa de mal-entendidos," ele diz. "Se você acha que se comunica bem, comete mais erros do que imagina. Se acha que sua memória é boa, você está muito enganado. E nossa percepção de sentidos muda quando nos sentimos ameaçados." Em sua opinião, muitas pessoas se divorciam sem necessidade porque acreditam demais na própria aptidão nestas três habilidades: comunicação, memória e interpretação. "Se elas soubessem o quanto são falhas e quantas decisões são tomadas com base nessas habilidades, elas se arrependeriam porque são coisas incrivelmente imperfeitas", completa.

Tatkin acredita que, além dos nossos pensamentos, as nossas reações corporais – a frequência cardíaca, a respiração, o sistema límbico – afetam nosso comportamento com o parceiro. Ele estuda pessoas por meio da análise de quadros de vídeos digitais – ele filma as pessoas e depois observa as feições, os corpos e as vozes quadro a quadro. "Nós vemos várias vezes como os desentendimentos são comuns", ele diz.

Se as pessoas sentem que algo as ameaça de alguma forma – seu entendimento de quem são, seu relacionamento ou até mesmo fisicamente –, elas entram em modo de sobrevivência. Sua reação de lutar ou fugir é ativada – o sistema que aciona o instinto humano de reagir a ameaças –, ou seja, as coisas podem piorar a qualquer momento. "É algo que ocorre de repente com as pessoas, e elas nem entendem por quê", Tatkin diz. "Antes que percebam, estão agindo e reagindo como se o parceiro fosse um predador. E essa é a condição humana. Não é um defeito."

Assim, o truque para a briga construtiva é lembrar que você deve ser capaz de discutir e ao mesmo tempo fazer o possível para que a outra pessoa se sinta segura. E, por outro lado, lembrar que é bem improvável que seu querido parceiro de repente tenha se tornado uma ameaça. (Brincadeiras à parte: se ele te ameaçar, é hora de buscar ajuda profissional.) Uma postura honesta de discussão – em que você se preocupa de verdade com o seu parceiro, apesar de estar discutindo –, em teoria, parece algo simples, mas é muito mais difícil ter empatia e apoiar o outro no momento de uma discussão. "Eu já vi inúmeros relacionamentos que não duraram porque as pessoas não conseguiam entender esse conceito simples", Tatkin disse. "A maior missão do casal é proteger um ao outro e fazer o outro se sentir seguro e acolhido".[28]

Um dos assuntos mais delicados na nossa casa, por exemplo, é Lance Armstrong, que venceu sete vezes o Tour de France, a corrida de ciclismo mais famosa do mundo. Meu marido ama o Tour de France. Tem tudo que ele adora: cenas emocionantes, técnicas complicadas e punições desnecessárias. Para aqueles que de alguma forma não o conhecem, Armstrong, um texano musculoso e extrovertido, venceu o tour mais vezes do que ninguém, de 1999 a 2005, depois de sobreviver a um câncer de testículo com metástase. Ele ficou em terceiro enquanto se recuperava de uma clavícula quebrada, e uma vez pedalou quase um dia inteiro com problema nos freios da roda traseira. Ele criou uma ONG para combater o câncer e já conseguiu mais de 500 milhões de dólares com ela e namorou uma cantora famosa por um tempo. Ele deveria receber um castigo.

Como o ciclismo de estrada é historicamente conhecido pelos casos de doping, as pessoas acreditavam que Armstrong estava trapaceando. Mas ele nunca foi pego em um exame sequer. As pessoas em grupos de ciclismo diziam que já tinham ouvido dele algo sobre doping ou que já o ajudaram a encobrir o doping, mas ele e todos em volta sempre mostravam os resultados dos testes e diziam que aquelas pessoas eram loucas, invejosas ou antipatriotas, ou simplesmente vingativas e amargas.

Mas é claro que ele tinha se dopado. Ele admitiu para a Oprah Winfrey na televisão em 2013 (porque *todos* os fãs de ciclismo assistem a Oprah). Ele era um trapaceiro mentiroso e malvado que usou sua influência e seu poder para silenciar e destruir pessoas que falavam a verdade. Todo mundo sabe disso. Até o meu marido.

A discussão que tenho com meu marido é se, mesmo assim, Armstrong é uma pessoa admirável. O homem com quem me casei acredita que, se todos estavam sob efeito de doping, Armstrong continuava sendo o melhor atleta, porque todos tinham a mesma vantagem. Eu digo que ele enganou pessoas, destruiu o esporte, maltratou aqueles que o desmascararam; e isso anula todas as vitórias dele. Não era só a mentira; a história toda era ridícula. Meu marido quer falar sobre tudo o que Armstrong fez pelo ciclismo e contra o câncer. Eu quero falar sobre os fãs e sócios que ele traiu.

Claramente eu estou certa. Mas o que torna essa briga tão violenta não tem nada a ver com ciclismo. Para mim, o fato de o meu marido defender o Armstrong me faz questionar a moral dele. O homem que eu amo aceita mentiras e intimidações? Isso quer dizer que ele mentiria para mim? Isso quer dizer que ele intimida as pessoas? Por que esses comportamentos são tão irrelevantes para ele? Meu marido diz que não aceita essas coisas, ele só não acha que elas apagam os sucessos de Armstrong. Ele acha um absurdo que as pessoas fiquem felizes com a tristeza do ciclista e não suporta as pessoas que só gostavam do Armstrong quando ele estava por cima.

A briga não é por causa do Armstrong. É por causa de valores e medos. Eu valorizo a honestidade. Para mim, um homem que fica famoso enganando e intimidando os outros é um vilão. Eu não gosto de mentiras. Se meu marido deixar de ser honesto comigo, vou ficar decepcionada, e isso pode destruir nossa família e ameaçar tudo o que construímos juntos. Isso é alarmante. Meu marido, por outro lado, valoriza a lealdade e tem medo do abandono. Ele não suporta o fato de as pessoas terem virado as costas para o seu antigo herói só porque ele não era perfeito. Talvez ele sinta que, se as coisas ficarem difíceis, ou se ele cometer um erro, eu vou abandoná-lo. Até hoje, nenhum de nossos amigos fala sobre o Lance Armstrong perto de nós.

Se algumas brigas são extremamente sérias (como essa acima), outras são a mesma briga de sempre, só que em contextos diferentes (como escolher eficiência ou qualidade), e algumas brigas são bem triviais (como a da manteiga), como podemos brigar "direito"? De acordo com Sun Tzu, todo conflito é baseado na mentira.[29] Quer dizer então que no casamento, que não precisa de um vencedor, mas sim de uma trégua, as discussões devem ser baseadas apenas na verdade. Quando for brigar, brigue de forma justa. Não ameace se divorciar. Não deixe de dizer o que quer nem o que você fez. Não mude seu posicionamento só para vencer. Se você acha que consegue, aqui vão duas estratégias de bons lutadores. A primeira é a técnica: como lidar com as discussões. A outra é o contexto: quando e onde discutir. (Os temas "dignos" de discussão são abordados nos próximos capítulos.)

Quando você começa

Como saber se você está brigando no estilo "vale-tudo", aquele em que não machuca o seu parceiro, mas chega a um resultado, e não no estilo UFC, que uma hora faz os dois desistirem do casamento? O primeiro sinal é que você começa várias frases com "Você" ou, pior ainda, com o temido "Você sempre" ou "Você nunca" (perigo!). Alguns exemplos são: "Você nunca deixa nada de lado", "Você nunca quer transar" ou o horrível "Você sempre está fedendo". Isso é criticar, em vez de resolver os problemas. Você transforma a pessoa no problema em vez de reconhecer o problema. Se você insultar ou magoar a pessoa com quem compartilha a vida, é menos provável que ela queira resolver as coisas. Um conselho básico para casais: sempre que possível, para solucionar problemas, devemos abordá-los com frases que comecem com "eu". "Eu ficaria feliz se você guardasse suas meias" ou "Estou sentindo um cheiro meio estranho. Você também?".

Para Sue Johnson, psicóloga e terapeuta clínica especialista em uma técnica chamada terapia focada nas emoções (EFT, na sigla em inglês), aqueles que tendem a começar brigas com acusações começadas por "você" são os acusadores.[30] Outras escolas de terapia usam a palavra "perseguidores". Não que essas pessoas sejam particularmente descontroladas. Muitas vezes, elas só estão reagindo da maneira mais lógica para certas circunstâncias, quando suas preocupações não são ouvidas. Na segunda noite da nossa lua de mel, eu e meu marido observamos um casal idoso que tentava entrar de ré em uma vaga pequena no estacionamento. A esposa estava atrás do carro enquanto o marido estacionava. "Não!", ela gritou, chacoalhando as mãos. "Pra cá. Foi muito. Arruma!" Meu marido me perguntou por que as mulheres idosas falavam daquele jeito (ele estava com medo do futuro). "Deve ser o único tom de voz dela ao qual ele ainda responde", eu chutei. Assim como aquela senhora, os acusadores só estão fazendo o possível para lidar com seus parceiros. "Os acusadores falam sobre acabar sozinhos, em segundo plano, pouco importantes, abandonados e insignificantes para seus parceiros", diz Johnson. "Por trás dessa raiva, eles são extremamente vulneráveis." Pessoas assim também são conhecidas por um nome mais coloquial: histéricas. Principalmente se forem, e geralmente são, mulheres. (Atenção: não estou exaltando a palavra, só dando uma definição.)

Uma das partes mais difíceis de discutir bem é que geralmente aquilo que parece certo está totalmente errado. Por exemplo, não só os acusadores, todos nós às vezes sentimos a necessidade de reclamar. Não é à toa que chamam de desabafar: é muito bom acabar com o rancor que ficou abafado em nós durante semanas, meses ou anos e falar à vontade sobre os sofrimentos causados por uma pessoa que prometeu nos amar. Parece justificado. Parece saudável. Parece que temos o direito de mostrar aos outros exatamente o que está acontecendo na nossa cabeça.

Mas, assim como as críticas, a reclamação não abre as portas para o diálogo e para a mudança. Ela só espalha detritos indesejáveis pelo caminho. Isso é difícil, porque nós, vivendo na cultura ocidental do século 21, aprendemos que a repressão é ruim e a liberdade de expressão é boa. Afinal de contas, o que são as redes sociais se não uma enorme nuvem pulsante de pessoas falando exatamente o que pensam? Aliás, se nós aprendemos alguma coisa após doze anos de postagens do Facebook (ou em uns vinte minutos no Twitter), é que ninguém muda de opinião depois de ser insultado ou comparado com Hitler, Stálin ou Lorde Valdemort.

Então como fazer seu parceiro ouvir suas necessidades? Quase todos os terapeutas com quem falei ou que estudei durante a elaboração deste livro afirmam que ser sucinto é uma virtude essencial. Entre, fale o essencial e saia. Quanto mais rápido, melhor. "Eu não fiz um estudo de larga escala", escreve Harriet Lerner, psicóloga especialista em relacionamentos e mulheres, "mas minhas observações sugerem que, quanto maior o número de palavras em um assunto emocional, menor é o tempo de atenção do ouvinte".[31] Reclamar pode ter um efeito negativo: você começa a explicar o que está te incomodando e a explicação te deixa agitado, causando mais estresse. E não para por aí. Seu parceiro também responde, e isso ocasiona outras reações. Tanto as críticas quanto as reclamações geram uma reação em cadeia negativa de chamado e resposta, o que Tatkin descreve como "uma interação com efeito imediato, na qual eu acendo uma pequena fogueira, mas depois jogo gasolina na fogueira, e você joga mais gasolina, e de repente estamos numa floresta em chamas". Até os grandes estrategistas militares concordam com isso. "Não há, na história," Sun Tzu escreve no livro *A arte da guerra*, "notícia de um país que se tenha beneficiado com uma guerra prolongada".[32]

Terrence Real, psicoterapeuta de Boston e autor de três best-sellers sobre casamento, tem uma técnica interessante de três passos para tratar de um problema com o parceiro: a roda do feedback, que ajuda a resolver as coisas mais rápido. É uma adaptação das técnicas criadas pela terapeuta Janet Hurley, e aperfeiçoadas por Real em seu livro *The New Rules of Marriage* [As novas regras do casamento], e é bem simples. Primeiro você precisa fazer algumas coisas completamente óbvias, mas necessárias, como perguntar ao seu parceiro se ele está disposto a ouvir e então dizer para si mesmo que você o ama. Em seguida, você diz quatro coisas para ele:

1. O que você viu ou ouviu que achou problemático. Não diga "O que você fez foi..."; diga "O que eu vi foi...".
2. O que você concluiu disso – ou seja, o que passou a acreditar como resultado daquilo que você viu. Você precisa literalmente dizer, "O que eu concluí foi...". Essa locução estranha garante que você fale apenas das suas impressões, sem fazer suposições.
3. Como você se sentiu.
4. Como você gostaria que fosse da próxima vez.

E, por fim, você aceita o resultado. Não importa o que aconteça, você agradece ao seu parceiro por ter te ouvido e segue em frente. Não prolongue o assunto.

Como experimento, tentei fazer isso com meu marido. A discussão que eu escolhi tinha acontecido quando ele estava em uma ligação internacional, tentando ajudar o pai de 83 anos a consertar seu computador lento, ao mesmo tempo que eu discutia com um adolescente sobre quantas horas de Netflix eram aceitáveis em um único dia. O adolescente subiu o tom, eu subi o tom, meu marido surtou e desligou na cara do próprio pai, começou a brigar conosco e a casa foi tomada por agressividade. Eu achava que ele tinha sido injusto, já que, antes da briga, ele tinha gostado do meu plano para controlar o tempo de televisão e computador do nosso filho.

Então, no dia seguinte, depois de reler a técnica de Real, perguntei para meu marido se podíamos conversar. Como ele não saiu correndo, eu continuei. Expliquei o que eu tinha visto (o surto dele). Expliquei o que eu tinha concluído daquilo – as palavras de Real pareciam absurdas, então eu falei: "Isso me fez acreditar que..." (ele não tinha me ajudado na batalha contra a lavagem cerebral na vida do nosso filho). E falei como aquilo tinha feito eu me sentir (desnorteada e traída) e disse o que eu gostaria que acontecesse (que ele ficasse do meu lado nesse problema. Aliás, ele já havia concordado com a minha ideia). Isso levou mais ou menos quatro minutos. Então era a vez dele. Eu recebi um dossiê com vários tópicos sobre os meus defeitos como esposa, mãe, mulher, ser humano, primata e mamífero. A atenção a detalhes foi impressionante, e a duração do discurso também. Quem diria que alguém consegue falar por tanto tempo sobre um assunto sem conferir nenhuma anotação? Chegou uma hora em que fiquei imaginando se não precisaríamos de uma pausa para um lanchinho. Finalmente ele terminou. Então, claro, de acordo com as regras desse jogo, eu não poderia falar nada de volta, apenas agradecer por ele ter me ouvido. Eu *quase* consegui.

A técnica do dr. Real parecia absurda e unilateral, mas a verdade é que aquele problema nunca mais surgiu na nossa casa. E isso me leva à parte mais difícil de saber brigar: ouvir.

Quando seu parceiro começa

Durante vários anos, eu tive um chefe que era surdo de uma orelha. Sua audição piorou com os anos, e os médicos falaram que, se ele tivesse nascido com a audição assim, ele teria sido considerado surdo. Mas quase ninguém sabia disso. Ele usava a orelha boa, sua inteligência natural e observava de perto as pessoas que falavam com ele, para compensar. Quando alguém falava com ele, ele só conseguia prestar atenção nessa pessoa. Como resultado, ele era um ótimo gerente. As pessoas sentiam-se ouvidas de verdade. Uma das minhas colegas, que nem sabia que ele era surdo, disse que ele era um "superouvinte". Eventualmente, ele foi promovido para um cargo de alto nível no governo dos Estados Unidos e, mais tarde, tornou-se consultor de chefes de empresas de tecnologia.

Várias pessoas são surdas perto de seu parceiro por outros motivos. É difícil ouvir as pessoas que amamos dizendo o que tem de errado com a gente. "Não existe desafio maior do que ouvir sem ficar na defensiva", diz Harriet Lerner em *Why Won't You Apologize?* [Por que você não pede desculpas?], "principalmente quando não queremos ouvir o que a outra pessoa tem a dizer".[33] Mas precisamos tentar. Ficar na defensiva é, como Gottman diz, um dos quatro cavaleiros do apocalipse.

Assim como parece, ficar na defensiva é reagir às perguntas de uma pessoa como se ela estivesse nos atacando. É uma tendência a se sentir ofendido sob qualquer pretexto. Pode surgir da culpa, da frustração, vergonha, hostilidade ou simplesmente do cansaço. E infelizmente, em pouco tempo, as pessoas conseguem criar o hábito de atribuir intenções negativas para as palavras do parceiro e planejar um contra-ataque para se proteger, mesmo quando não é necessário. Quando entramos no modo de proteção e tentamos garantir que não vamos nos magoar, é muito mais difícil ter a mente aberta para o que nosso parceiro quer dizer. As coisas que nos protegem do perigo também nos tornam mais inacessíveis.

Uma forma fácil de saber se você está na defensiva é se o seu parceiro disser que está tendo um problema e sua resposta implicar que é culpa/problema/ilusão dele. Um exemplo antigo dessa escola é a afirmação "Eu acho que não vamos conseguir pagar a conta x", respondida com qualquer variante de "Em que você está gastando todo o nosso dinheiro?/Você acha que dinheiro dá em árvore?/Você acha que eu não sei que nós não temos dinheiro suficiente?!/Do que você está falando?". Não. Respostas erradas. Você acabou de fazer um saque enorme e não autorizado no banco da boa vontade e acionou todos os alarmes do cofre. A pessoa com quem você está falando, que você ama, agora está se sentindo ameaçada. O modo "brigar ou fugir" está ativado. As respostas certas podem estar entre "Nossa! O que será que aconteceu? O que você acha que devemos fazer?" e "Eu sei. Eu estava preocupada com isso. Você tem alguma ideia?". Se você sentir a necessidade de culpar alguém, pode fazer como eu e culpar o ministro da Economia.

Às vezes, seu parceiro faz alguma coisa estúpida, cruel, mesquinha ou vingativa; nós somos humanos. Nesses casos, reações defensivas podem progredir para retaliação. Geralmente, isso é um simples reflexo, talvez vindo das regiões subcorticais do nosso cérebro, onde se formam nossos instintos. É assim que funciona: seu parceiro faz alguma coisa ruim e, sem perceber, você diz ou faz uma coisa pior ainda, e, bingo, vocês ficam presos em um ciclo horrível. Terrence Real tem um ótimo nome para isso; ele chama de "ofender na posição de vítima".[34] Podemos ver isso em sua forma mais pura entre as crianças. A criança mais nova toma o brinquedo da criança mais velha; a criança mais velha bate na mais nova. Mas também vemos isso em casamentos: desde trocas de insultos a traições por vingança. A retaliação é cinematográfica, está em todas as grandes brigas de casais que vemos nos filmes: entre Leonardo DiCaprio e Cate Blanchett em *O aviador*, entre Leonardo DiCaprio e Kate Winslet em *Foi apenas um sonho*, e entre Leonardo DiCaprio e

Margot Robbie (e um copo d'água) em *O lobo de Wall Street*. O DiCaprio é ótimo em retaliações.

Ficar na defensiva e atacar de volta pode ser uma resposta adequada quando somos atacados de verdade. É por isso que os instintos existem, para ajudar os seres humanos a sobreviver a predadores e em situações perigosas. Mas são estratégias fracas contra membros do mesmo time. E quando *ambos* os parceiros as utilizam, a coisa pode ficar feia. Em um estudo longitudinal[35] com 79 casais jovens, essa reciprocidade negativa – em que os parceiros usavam esse comportamento destrutivo uns nos outros – contribuiu para que eles se divorciassem dentro de sete anos.

Uma das penalidades mais persistentes no ringue conjugal é o desdém, que geralmente surge acompanhado do desprezo, aquele hábito tóxico do capítulo 1. O desdém tem várias formas: repetir com uma voz irritante o que o outro disse. Rebaixar as preocupações do outro. Exagerar de forma absurda aquilo que o parceiro está falando. Nem precisa ser verbal. A linguagem corporal faz isso muito bem: revirar os olhos, virar a cabeça, mudar o tom de voz, cruzar os braços, recusar-se a soltar o celular. Todos esses gestos mostram indiferença: transmitem a impressão de que o ouvinte não acredita que a mensagem do falante é essencial, nova ou importante. São reflexos tão comuns que muitas vezes nem a própria pessoa percebe. "Essas coisinhas sutis acontecem tão rápido que, se não tivermos cuidado, elas podem causar uma reação de ameaça, que vai continuar, se repetir e ficar pior", diz Tatkin. "E, depois, ela se torna um problema biológico, e fica bem mais difícil nos livrarmos dela."

A forma mais poderosa de desdém pode ser encontrada em um relacionamento em que as duas pessoas já decidiram o que pensam uma da outra – a sobreposição de sentimentos negativos que vimos no capítulo 1 – e registram cada interação como mais uma prova de que estão certas. "Uma briga repetitiva de um casal continua não resolvida porque os dois não lidam um com o outro, mas *com a pior fantasia que eles têm um do outro*", diz Real.[36] Essa atitude padrão não ajuda em nada a resolver problemas, mas é fantástica para quem adora remoer mágoas antigas e criar novas mágoas ao longo do casamento.

Como fugir dos problemas

Muitas vezes, mas nem sempre, o mecanismo utilizado pelos parceiros para lidar com as brigas segue um modelo de acordo com o gênero. As mulheres, como vimos acima, tendem a ser acusadoras, querem expor o problema. Homens tendem a fugir dos problemas.[37] É mais ou menos assim: seu parceiro-querido--esposo, que nesta discussão vamos chamar de queixoso, vem falar com você e você se recusa a discutir o problema. Você nem tenta se defender, só fica sentada. Ou, assim que seu parceiro argumenta, você sai. Talvez você pense que a queixa dele não tem mérito. Talvez você já tenha ouvido essa queixa várias vezes e não vê sentido em ir adiante. A simples menção da queixa é tão irritante que você não aguenta ficar lá e levar a culpa mais uma vez. Ou talvez você se sinta culpada e decide seguir para um confinamento isolado que você criou.

Mais uma vez, esse estilo de briga tem suas raízes na insegurança. Johnson percebeu na prática que "aqueles que fogem dos problemas afirmam sentir vergonha ou medo de ouvir que são fracassados. Eles acreditam que nunca vão conseguir agradar seus parceiros e se sentem desamparados e paralisados". Apesar disso, o hábito de sair de perto, ficar em silêncio e evitar conversas pode ser tão ruim quanto a retaliação. Ignorar completamente os pedidos, medos e desejos do outro é uma bela maneira de dizer "Eu não amo você".

Quando Eu cheguei a Nova York, era possível conversar com os taxistas. Agora, tem uma placa de acrílico separando o assento da frente e o de trás, então é praticamente impossível conversar. Ah, e tem o Uber. Mas, antes, alguns táxis tinham uma "janelinha" entre o motorista e o passageiro, que o passageiro podia abrir ou fechar. Dava para conhecer o motorista. Eu me lembro de um que tinha opiniões bem diferentes das minhas sobre o melhor caminho em Manhattan. Ele ignorava todas as minhas orientações. Talvez ele pensasse que, como ele era o motorista profissional e eu era uma idiota, ele podia simplesmente fazer o que bem entendesse. Para mim, eu era a cliente que estava pagando, então eu poderia escolher o caminho, e ele só era mais um entre os milhares de homens que não se importavam com a opinião das mulheres. Cansada de ser ignorada, eu bolei um plano. Quando nós chegássemos ao meu destino, antes de pagar, eu ia demonstrar a minha raiva. Mais ou menos três segundos depois que eu comecei a falar – acho que eu só disse "Sabe, são caras como você que deixam os taxistas com uma fama ruim..." – a tal janelinha começou a subir entre nós. Era um grande f**a-se. Ainda assim, dei uma gorjeta para ele porque eu quis mostrar que não estava abalada. Eu sou patética.

Se você não pretende ter mais nenhuma comunicação com o ser humano que você está ignorando, como o meu camarada taxista, negar-se a conversar é uma boa forma de minimizar suas perdas e seguir com a sua vida. Mas, se você é casado, a abordagem de subir a janelinha deve ser usada com muito cuidado. Você pode acabar em um cerco, com alguém jogando ganchos emocionais para tentar te alcançar. Vários estudos descobriram[38] que em casais jovens a fuga dos problemas estava ligada a divórcios em menos de sete anos, pois os problemas não eram resolvidos e a distância e a alienação crescia entre os parceiros. Um estudo bastante deprimente[39] revelou que, mesmo quando as esposas usavam técnicas construtivas para resolver problemas e os maridos fugiam dos problemas, eles ainda assim eram mais propensos a se divorciar do que a permanecer casados.

Apesar disso, há uma exceção. Pesquisas[40] mostram que fugir dos problemas é ruim nos primeiros anos de casamento, mas o efeito parece ser diferente em casamentos longos. Talvez porque as pessoas em casamentos mais longos aprenderam a usar a fuga de maneira mais produtiva. Em vez de simplesmente dirigir para longe, elas param no acostamento e esperam um pouco. Terapeutas sugerem que não há nada de errado em deixar uma briga para depois, contanto que nosso parceiro saiba que não estamos simplesmente acabando com as negociações. Pelo contrário, estamos dando um tempo para processar o que o outro disse, ou achamos que não é o momento certo para a discussão (quando temos visita em casa ou um compromisso em outro lugar), ou que precisamos nos acalmar para continuar a conversa quando estivermos mais tranquilos.

O segredo aqui é que não estamos colocando nosso parceiro no mudo. Estamos dando uma pausa para voltar depois. Alguns terapeutas até recomendam uma palavra de alerta, ou seja, um sinal para uma pausa. Eu li sobre um casal que combinou o seguinte: quando um deles colocava um chapéu engraçado, indicava que precisava de uma pausa. Eles também sugeriram que, se possível, o casal separe um tempo para falar sobre o assunto para que os dois saibam que vão ser ouvidos. Se a briga for complicada, talvez seja bom deixar em pausa por pelo menos uma boa noite de sono.

Quando brigar?

Eu sempre desconfiei um pouco daquela frase que diz que nunca devemos ir dormir com raiva. Ué, por que não? Por que duas pessoas devem tentar lidar com uma situação delicada, complicada e difícil quando já estão cansadas e irritadas? É como se não tivéssemos aprendido nada com todo o esforço das crianças para demonstrar em quais condições naturais é mais provável que um chilique aconteça. Um estudo de 2017[41] apoiou minha desconfiança. Vários recém-casados avaliaram a situação do próprio casamento, e aqueles que estavam com sono deram uma avaliação muito pior de sua situação. Por favor, vá dormir com raiva, desde que vocês dois descansem. Sim, mesmo se vocês ficarem em cantos opostos da cama, usando pijama pela primeira vez em meses e planejando tudo o que vão falar de manhã. A menos que vocês passem a noite em branco (quer dizer, depois de ter tentado pelo menos por uma hora), a conversa vai ser mais civilizada e mais racional de manhã.

Eu levei mais tempo do que deveria para perceber que o homem com quem me casei era mais sensato depois de (a) dormir bastante e (b) comer o suficiente. O metabolismo do meu marido é como o motor de um carro: ele esquenta, precisa sair com frequência para manter o motor funcionando e pode ficar sem combustível quando você menos espera. Então, ocasionalmente, durante uma briga que me deixa desnorteada, dou um jeito de perguntar se ele já comeu. Geralmente, eu tento acabar com a briga logo de cara. Ele ama queijo. Fazemos questão de ter queijo em casa. Alguns homens chegam em casa depois de um longo dia no escritório e vão direto beber alguma coisa. Meu marido prefere os laticínios. Eu sei que parece óbvio, mas até pessoas muito inteligentes se esquecem disso. Uma vez eu perguntei para o Mark Zuckerberg, CEO do Facebook, de que maneira a Sheryl Sandberg havia mudado a forma como as coisas eram feitas na gigante das redes sociais, e ele disse que, depois que Sandberg chegou, eles sentiam menos fome. Ela sempre fazia questão de que todos nas reuniões estivessem alimentados. Siga a dica de uma das mulheres mais ricas do mundo: não resolva nada com fome.

Outro lugar ou momento ruim para uma briga é dirigindo. Durante anos o carro foi considerado um ótimo lugar para falar sobre assuntos delicados com o filho adolescente, já que ninguém precisa olhar para ninguém, mas, pelo mesmo motivo, não é um lugar bom para discutir com o parceiro. Em primeiro lugar, *alguém está dirigindo*, ou seja, já está usando – ou deveria estar usando – boa parte da capacidade de seu cérebro. Discutir sobre um problema emocional exige um enorme uso de recursos mentais, então não conseguimos usar esses mecanismos cognitivos em mais nenhum lugar. Só que, de acordo com terapeutas, esse nem é o maior problema. "O maior problema", diz Stan Tatkin, "é que temos um grande ponto cego nas laterais dos olhos. Nós só vemos o mundo em alta definição através de um buraco muito pequeno à nossa frente". Ou seja, não conseguimos ver a pessoa com quem estamos tentando nos comunicar. Não conseguimos ver que efeito nossas palavras estão tendo nem obter toda a informação sobre o que ela está sentindo. Só conseguimos ouvi-la. E sua anatomia ainda piora as coisas. "A amígdala, que é a central do medo no nosso cérebro, é acionada quando o rosto está de lado", diz Tatkin. "Então eu tenho mais chances de me sentir ameaçado com a pessoa do meu lado do que com ela bem na minha frente."

Por motivos parecidos, tentar discutir por mensagem ou por telefone é um erro de principiante. Para começar, é superfácil surtar, perder a cabeça e de repente acabar gritando "Eu não estou nem aí para o que seu irmão pensa!" ao telefone no corredor do supermercado. Também é mais provável que interprete mal as intenções, o tom, as palavras, os *emojis* ou a atitude da pessoa que está trocando mensagens com você. Esse é outro momento que revela o estereótipo que nossa mente tem do nosso parceiro; nós somos capazes de atribuir às palavras dele certos significados ou intenções erradas que não nos ajudam em nada.

É melhor ver o corpo e o rosto das pessoas durante discussões importantes com elas. É melhor olhar diretamente para elas. Não podemos brigar com o nosso parceiro da mesma forma que brigamos com inimigos estrangeiros: de longe, em bunkers, com drones e ataques aéreos, apertando botões em uma tela. Isso pode ser eficaz para ganhar uma guerra, mas não é o jeito certo de negociar uma trégua.

Não discuta durante um encontro romântico. Se você combinou uma noite especial com o seu parceiro para se divertir e relembrar todas as coisas que fizeram você se apaixonar por aquela pessoa incrível, não tente resolver as brigas ali. Isso é como fazer uma tarefa da faculdade em um parque de diversões. Deixe seus livros e cadernos em casa. Não estrague sua diversão com tarefas.

Existem divergências entre grupos de terapeutas e pesquisadores sobre discutir na frente dos filhos. Geralmente a regra é que não tem problema discutir com o parceiro se a briga não for tão séria e se os dois estiverem sendo justos, focando o problema e não as pessoas. Aliás, é importante para mostrar aos filhos como as pessoas que se amam negociam. Pesquisas revelam[42] que filhos de pais divorciados têm mais probabilidade de se divorciarem porque, entre outros motivos, não tiveram a oportunidade de ver como uma discussão pode ser produtiva. Eles não tiveram ferramentas ou modelos para lidar com o conflito a não ser os instintos mais animais. Por outro lado, se perceber que o nível da discussão está caindo, é melhor sair de perto dos filhos. Além disso, eles não precisam ouvir os pais brigando sobre coisas de adulto, como dinheiro ou sexo. E, obviamente, se a discussão for sobre eles na frente deles, é mais importante chegar a um acordo do que brigar por justiça.

Depois da briga, vem o sexo de reconciliação, que existe, sim, e eu recomendo. Mas, antes, você precisa passar pela próxima etapa: pedir desculpas. "Reparação", como alguns terapeutas chamam a etapa de pedir desculpas, é uma habilidade sem a qual poucos casamentos sobrevivem. "As pessoas que resolvem problemas com agilidade e sabem lidar com o sofrimento vão ser de longe os casais mais bem-sucedidos", diz Tatkin. "Aquelas que ficam sofrendo e não conseguem reparar a situação nem se unir para resolver as coisas vão ter mais problemas, porque, enquanto elas não mudarem o modo de pensar, vão reviver uma experiência que foi negativa, que terá mais probabilidade de ficar guardada na memória de longo prazo."

Quando é você que precisa pedir desculpas

Um fato curioso: aprendemos a pedir desculpas desde pequenos e, mesmo assim, continuamos péssimos nisso quando nos tornamos adultos. Nós aprendemos direitinho a andar, a falar, a fazer movimento de pinça com os dedos, sabemos a hora de rir das piadas e nos viramos bem quando uma das funções do nosso smartphone para de funcionar. Muitos de nós sabemos quando usar *esta* ou *está* (não é tão difícil depois que aprendemos os acentos). Mas ainda somos péssimos em pedir desculpas. Quase ninguém sabe fazer direito, principalmente ao falar com pessoas que levam isso bem a sério.

A primeira lição para pedir desculpas é entender que elas não machucam e normalmente ajudam. Então peça desculpas. Fica muito mais fácil com a prática, então peça desculpas com frequência. Seja liberal. Quando seu parceiro se incomodar com você, a forma mais fácil de desarmá-lo é descobrir se você pode pedir desculpas. Se conseguir identificar um erro específico, basta se responsabilizar por ele e se esforçar para não cometê-lo de novo. Corte essa discussão pela raiz.

Pesquisadores dos Estados Unidos analisaram matematicamente se desculpas rápidas são mais efetivas do que desculpas tardias. A resposta deles: "Ao interpretar a função logarítmica como resultado de um processo de perda somado a um processo de consolidação, concluímos que as intervenções que influenciam nas desculpas podem ser mais eficazes se administradas relativamente cedo, logo após os erros, pois haverá pouco tempo para consolidação – assim como a formação e a perda de memória sofrem mais influências dos processos que ocorrem logo após o primeiro aprendizado".[43] Em outras palavras, sim. Se você se desculpar mais rápido, a ofensa não passa da memória de curto prazo para a região do cérebro que armazena as recordações mais importantes. A pessoa ofendida não vai ficar remoendo a situação.

A segunda lição é lembrar por que você está pedindo desculpas. Não é para se sentir menos culpado. Não é para fazer a outra pessoa se sentir melhor ou, pior ainda, para calar a boca dela. É para reconstruir uma ponte que você ajudou a explodir, para restabelecer a comunicação e tentar dar o *play* em um relacionamento pausado. Então simplifique. Peça desculpas exatamente pelo que você fez de errado. Depois pare. Pelo amor de Deus, não acrescente um "mas". O "mas" é um assassino de desculpas. "Desculpe por eu ter matado seu gato, mas ele estava deitado na frente do meu cortador de grama" ou "Desculpe por eu não ter atendido o telefone, mas você já tinha me ligado várias vezes". Isso não é pedir desculpas. Se for fazer assim, nem tente. São apenas explicações, pretextos. Não demonstram arrependimento, responsabilidade ou vontade de mudar as coisas. Você pode explicar suas ações, mas deixe isso para outro momento, depois que já tiver restabelecido uma conexão.

Na batalha recorrente mais longa da minha casa, não adianta dizer "Desculpe por eu não ter colocado a manteiga na mesa, mas você é o único que come e eu tenho certeza de que faz mal para a saúde". Isso não ajuda. Acredite, eu já tentei.

A única coisa pior do que uma desculpa seguida de "mas" é a desculpa com o "se". Isso é um insulto, é pura arrogância: "Desculpe se você ficou magoado"; "Desculpe se você entendeu o que eu disse de outra forma"; "Desculpe se minhas desculpas não foram boas". Na verdade, a pessoa quer dizer: "É pouco provável que você esteja certo e que eu, sem querer, tenha feito alguma coisinha errada, mas foi mal". A pessoa que se deu ao trabalho de explicar o que a chateou não vai ficar satisfeita com essa resposta, porque falta o ingrediente principal de uma desculpa: o remorso. Ao acrescentar um "se" na desculpa, você não está assumindo culpa alguma. Dizer "Sinto muito se você queria a manteiga na mesa" não vai levar a nada.

A única vez em que você pode pedir desculpas com "se" é quando você não sabe se fez alguma coisa errada e quer descobrir: "Sinto muito se eu pisei no seu dedo naquele tumulto". Ou: "Sinto muito se tornei aquela reunião mais difícil do que você esperava". Se o problema já foi explicado, não adianta usar o "se".

Pedidos de desculpas só funcionam quando a pessoa magoada sente que foi ouvida e que sua raiva e sua dor foram reconhecidas. Harriet Lerner insiste que as pessoas sejam "profundamente curiosas" em relação à experiência da pessoa magoada. "Seria bom se a nossa vontade de compreender a outra pessoa fosse tão grande quanto a nossa vontade de sermos compreendidos", ela escreve.[44] Quando ouvimos o outro com atenção, conseguimos identificar exatamente o que fizemos de errado e ser mais claros na hora de pedir desculpas. Ele percebe que foi ouvido ao ver que nossas desculpas focam apenas a dor dele, não naquilo que queremos, como perdão ou reconhecimento de que a culpa também é dele.

Se você não conseguir descobrir quem está errado, ou se estiver demorando demais e a briga precisa acabar logo porque, por exemplo, os convidados começaram a chegar para a ceia de Natal, você pode usar a frase "Desculpe pelo meu papel nesta briga" e tentar descobrir a partir daí. Porém, na maior parte dos casos, a desculpa é um produto único. Não tem fórmula mágica nem pode ser comprado em uma loja. Depois de mencionar seus erros e mostrar que se arrependeu de verdade, a terceira parte do pedido de desculpas é oferecer uma maneira de corrigir seus erros. "Desculpe por eu não ter colocado a manteiga na mesa. Eu acabo me esquecendo dela. Vou fazer o possível para me lembrar dela no futuro." Esse é um discurso que eu só usei neste livro.

Se você costuma surtar por causa de coisas erradas, é uma boa ideia escolher com cuidado o lugar e o horário para expressar seu arrependimento. Esse planejamento não é ruim. De acordo com Sun Tzu, generais sábios consideram a mente de seu oponente antes de qualquer outro aspecto. Então pare um pouco e tente descobrir quando seu parceiro estará com a mente aberta para te ouvir e programe seu pedido de desculpas. Só não deixe que isso se torne um pretexto para adiar a conversa ou amarelar de vez.

Como você ajuda seu parceiro magoado a te perdoar depois que pediu desculpas? A melhor forma é compensar os erros do futuro construindo um bom relacionamento antes de criar problemas. Pesquisas mostram que as pessoas perdoam com mais prontidão aqueles em quem elas confiam.[45] Se você perdeu a confiança do seu parceiro, precisa mostrar que está disposto a reparar a situação para recuperar essa confiança. Janis Abrahms Spring, autora e psicóloga clínica, chama isso de "a transferência de vigilância".[46] Ou seja, quando você faz alguma coisa horrível para o seu parceiro – insultá-lo em público, gastar muito dinheiro sem contar para ele, traí-lo –, você precisa ser tão vigilante quanto ele para que isso não aconteça de novo. Pode ser elogiando seu parceiro em público ou sendo totalmente transparente em todas as suas movimentações financeiras e/ou todos os contatos com pessoas do sexo oposto – ou do mesmo sexo, se for o seu caso. Mas, acima de tudo, você precisa observar e cuidar das questões delicadas com o seu parceiro como se tivessem acontecido com você.

Finalmente, não espere ser perdoado logo de cara, a menos que você seja casado com o papa (nesse caso, seus problemas são bem maiores do que não saber brigar). Você não pode forçar as pessoas a te desculpar. Você pode apenas abrir a porta. Elas escolhem se querem entrar.

Quando você está ouvindo as desculpas

Eu cresci em uma família agressiva e competitiva, mas apenas em áreas pouco importantes. Nós somos bem frouxos para negociar um aumento, uma promoção, ou em qualquer tipo de atividade física; por outro lado, somos ótimos em jogos de tabuleiro e brincadeiras na praia. Na família Luscombe, ninguém tem sossego, não importa se são jovens, idosos, frágeis ou novos na família. E, sim, xingamos bastante. Eu quero que você se lembre desse contexto quando estiver lendo a história a seguir: eu estava jogando um jogo de cartas (acredito que era cancan) com os meus três irmãos em um dos nossos raros encontros. Nós estávamos naquela fase da vida em que a infraestrutura construída na juventude começava a se desfazer. Problemas na saúde, na família, na carreira. Meu irmão mais velho já estava divorciado. Meu irmão mais novo estava no processo de um divórcio. Talvez por causa disso ele estivesse demorando demais para jogar. Coerente. Violando o lema não oficial da nossa família: *jogo bom é jogo rápido.* "Ah, pelo amor de Deus, será que dá para você jogar?", eu disse. "Você demora tanto que até eu me divorciaria de você."

Nem preciso dizer que essa piada não funcionou. Essa piada nunca ia funcionar. Essa piada nem deveria ter saído da minha boca. Ele se levantou e saiu. Meus outros dois irmãos olharam para mim em choque, com a maior cara de pena, assim como olhamos para uma senhora idosa que acabou de chutar um filhote de coala machucado. Eles também não abriram a boca. Eu me lembro vagamente de pensar que eu tinha falado algo horrível demais para me desculpar. Mesmo assim, eu tentei pedir desculpas, e peço até hoje. Meu irmão trabalha na igreja, então ele conhece bem a teoria do perdão. E acontece que ele também é bom na prática. Ele não ignorou o ocorrido. Ele não amenizou o que eu tinha feito, nem disse que não estava magoado. Ele não demonstrou que aquilo era compreensível ou engraçado, ou que estava tudo bem, mas ele não deixou isso estragar o nosso relacionamento.

Perdoar, na verdade, é um processo bem simples. É o mesmo que desculpar, o contrário de "culpar". É como perdoar uma dívida. Limpar a bagunça que alguém fez no seu quarto. Negar-se a prestar queixas. Mas os processos simples não são necessariamente *fáceis*. Em algumas definições, dar à luz é simples: as mães expelem outro ser humano através de um orifício que normalmente tem o mesmo diâmetro de uma mangueira.

E, assim como dar à luz, tentar perdoar alguém pode ser aterrorizante. Confrontar uma dor que nos causaram – em vez de insistir que não nos importamos – e decidir se desprender dela é doloroso. Parece errado e assustador. Sim, nós perdoamos nossos filhos o tempo todo. Perdoamos nossos chefes e colegas de trabalho. Quando amadurecemos, geralmente perdoamos nossos pais. Perdoar o parceiro é muito mais difícil. Quando o nosso parceiro de vida nos magoa, é difícil de engolir.

Para conseguir perdoar, é necessário perceber que o perdão não é apenas uma questão de sentimento. Você não precisa querer. É um ato de boa vontade. Um estudo de 2014[47] com mais de trezentos estudantes universitários que haviam sido magoados recentemente revelou que as pessoas perdoam mais rápido quando sentem menos risco de serem magoadas pela mesma pessoa de novo. É por isso que desculpas e reconciliações dão certo; elas demonstram que a intenção da pessoa que errou não é ruim, que o erro foi uma exceção, não uma regra. Mas esse e outros estudos[48] também mostraram que o perdão era mais rápido quando as pessoas consideravam o relacionamento importante e com chances de ser duradouro. Isso implica um elemento de escolha. Os estudantes exerceram a vontade de perdoar. É possível tomar a decisão de perdoar alguém. Não precisa surgir de um sentimento.

Da mesma forma, o perdão não é passivo. É uma escolha e tem um preço. Pessoas que perdoam estão sacrificando uma das suas formas primárias de defesa. Pode parecer que elas estão convidando o criminoso a machucá-las de novo, porque não estão reforçando a punição. Pode ser muito difícil perdoar um cônjuge porque a natureza do relacionamento indica que ele terá várias outras oportunidades para nos ofender. Por outro lado, os cônjuges estão entre os nossos melhores amigos, então vale a pena perdoá-los. A absolvição é uma prática de perdão promovida pela igreja. Alguns pesquisadores e antropólogos argumentam que os humanos são bons em perdoar porque a evolução exige; a seleção natural favorece aqueles que perdoam seus parceiros próximos para que continuem reproduzindo e aumentem as chances de sobrevivência de seus genes.[49] Pessoas de fé dizem isso de maneira mais poética, observando que o amor "tudo sofre, tudo crê, tudo espera, tudo suporta".[50] Qualquer raciocínio que escolher para exercer o perdão serve.

Relacionamentos não sobrevivem sem ele. A única exceção aqui é no caso de agressão física para você e sua família. Esse é sempre um caso para buscar profissionais. Largue este livro, pegue o telefone e chame a polícia ou ligue para a central de atendimento contra violência doméstica ou para um terapeuta profissional já. Um único incidente não significa que é o fim do relacionamento, mas ele não pode ser ignorado.

Vários ensinamentos populares dizem que o perdão é um presente que damos para nós mesmos: "Por que você alugaria um canto na sua cabeça para alguém que te magoou?" é uma versão. Ou: "Guardar rancor é como tomar veneno e esperar que a outra pessoa morra". E é verdade que, se não perdoarmos alguém que nos fez mal, principalmente por algo grave como a traição, essa pessoa pode ter muito poder sobre a nossa vida emocional. Mas essas frases motivacionais escondem que suprimir a raiva pode ser um tormento.

A parte mais difícil do perdão acontece nos primeiros três meses depois que o problema surge. Depois desse período, de acordo com um estudo realizado[51] com 372 estudantes universitários, a pessoa magoada geralmente sente cerca de 14% da raiva que ela sentia logo após o ocorrido. Mas o mesmo estudo também mostrou que, depois de três meses, as taxas de perdão diminuem gradualmente com o tempo. Alguns cientistas[52] afirmam que o perdão e o esquecimento podem usar processos cognitivos parecidos, mas isso não quer dizer que perdoar é o mesmo que esquecer. Simplesmente quer dizer que o mal que seu parceiro fez para você não tem mais o poder de te magoar. As cicatrizes não vão embora, elas só param de doer tanto.

Já que perdoar é tão difícil, pesquisas[53] mostraram que escrever sobre os erros e as lições que as pessoas aprenderam enquanto se recuperavam de seus problemas, mesmo que durante vinte minutos por dia, ajudou no processo. Apesar de parecer, não era um diário motivacional ao estilo Poliana, mas uma forma de ativar as habilidades cognitivas da vítima para ajudar no processo de superação do desejo de retaliação, acabar com as brigas e melhorar o relacionamento com o parceiro. Isso não quer dizer que você precisa entender os motivos ou aceitar que seu parceiro te maltratou. Só quer dizer que você alcançou sua capacidade de ter compaixão.

A compaixão é a meta, mesmo quando você sabe que tem razão. Jornalistas antigos como eu são grandes fãs de conferir os fatos e checar mais de uma vez. Muitos de nós aprenderam um lema nos primeiros dias de redação: se sua mãe diz que te ama, confira. Se você acha que isso nos torna mais chatos em uma discussão, você tem razão. Estar certos é o que mais queremos. Várias vezes em que meu marido estava no meio de uma história, eu o interrompi para pedir uma fonte ou um detalhe em particular. Ele *ama* isso. Mas, em alguns momentos – e eu não acredito que estou escrevendo isso –, estar certo não é a coisa mais importante. Insistir em um ponto da discussão até que todo mundo concorde com a gente é chato, irritante e não leva a nada. Eu nunca vou admirar o Lance Armstrong. Eu já estive na mesma festa que ele e mudei meu caminho só para não passar perto dele. Meu marido sempre vai apoiá-lo e já ficou parado no sol por mais de uma hora só para vê-lo de longe. Nós não vamos concordar. Em algum momento, isso pode até piorar. Insistir em uma opinião, em uma rota, em uma lembrança, em uma técnica, em um método para instalar uma churrasqueira é um erro de principiante.

Enquanto eu escrevia este livro, recebi um convite para ir com meu marido a uma exibição prévia do filme vencedor do Oscar *Ícaro* sobre o programa antidoping da Rússia. Depois havia uma discussão sobre o doping e seus efeitos. E quem estava no painel? O senhor especialista em doping em pessoa, Lance

Armstrong. Mesmo sabendo que corríamos o risco de uma turbulência doméstica, eu e meu marido fomos. E sobrevivemos. Depois do evento, eu disse que o Armstrong tinha feito alguns comentários bons. "É, talvez", ele disse. "Mas ele parecia meio fora de forma."

CAPÍTULO 3

FINANÇAS

Minha mãe é uma herdeira. No dia em que foi declarada a Segunda Guerra Mundial, sua família se mudou de Belgravia, em Londres, para uma daquelas mansões antigas no interior, onde os endereços são constituídos por apenas três palavras: nome da casa, nome do bairro, nome do condado. No caso dela, era Meredith, Tibberton, Gloucestershire. Nós fomos visitar uma vez e, quando estávamos chegando, comentei com um dos meus irmãos como a casa era linda. Minha mãe nos interrompeu ríspida dizendo que estávamos admirando a casinha do jardineiro.

A casa ficava escondida no fim de uma longa calçada coberta de plantas. Os donos nos mostraram o lugar. O laranjal ainda estava lá, assim como a estufa e a enorme sala de música. Os sinos do andar de baixo tinham números que correspondiam aos quartos do andar de cima, para os funcionários saberem quem havia apertado o botão avisando que estava pronto para o café da manhã. Minha mãe apontou para as janelas mais altas de onde ela e seus irmãos costumavam jogar água uns nos outros, tentando não acertar as crianças pobres que moraram com eles durante os confrontos. Lendas da família dizem que, em algum período depois dos meus antepassados e antes dos ocupantes atuais, a casa havia sido um abrigo, um tipo de mudança que quase nenhum dos vizinhos teria percebido. Mas, durante a visita, aprendemos que havia sido uma espécie de casa de reabilitação para alcoólatras, o que, eu e meu irmão concordamos, também não era algo tão diferente. De qualquer forma, o lugar era enorme. Depois da visita, tínhamos só uma pergunta para nossa mãe: *Aonde foi parar o dinheiro?*

Meu pai, por outro lado, cresceu na zona rural da Austrália. Ele nasceu durante a Grande Depressão; o pai dele era um gerente de banco. Eles moravam em uma casa ao lado do banco, já que os fazendeiros não tinham horários específicos para ir ao banco. Ele passou a infância vendo o pai lidar com pessoas que estavam sofrendo para manter suas fazendas ou para fazer com que o banco emprestasse dinheiro para que eles pudessem cultivar suas plantações, alimentar as ovelhas, contratar tosquiadores ou cuidar dos filhos.

Minha avó paterna morreu jovem e meu avô se casou de novo. Um dia ele anunciou que, em vez de terminar o ensino médio, meu pai, Billy, iria trabalhar no escritório com um contador conhecido dele. Na época, Billy não entendeu, mas meu avô faleceu um ano depois (o que os médicos haviam previsto) e meu pai precisou se virar para cuidar de si mesmo e de sua madrasta. Depois de pagar comida, hospedagem, transporte e roupas, meu pai disse que, se poupasse dinheiro, ele poderia comprar um milkshake a cada duas semanas. Ele costumava entregar cartas perto do seu alojamento para poder guardar o dinheiro que a empresa dava para ele comprar selos.

Depois de uma vida bem sofrida, Billy teve uma folga. Ele foi convocado. Ele serviu na Força Aérea da Austrália, treinando para resgatar pilotos que caíam no oceano e ajudar hidroaviões quebrados. Toda sua comida, a acomodação, as roupas e os transportes foram providenciados. E, quando saiu do serviço, depois de seis meses, ele descobriu que seu chefe patriota (ou distraído) não havia parado de pagar seu salário. Com as primeiras economias da sua vida, ele viajou para a Europa e, a caminho de casa, no navio SS *Orontes*, ele conheceu minha mãe, que estava no início de uma viagem pelo mundo. No seu diário, ela diz: "Conheci um australiano meio vulgar que cutuca os dentes com o guardanapo". Meu pai não é interesseiro, mas conquistar minha mãe foi talvez a estratégia financeira mais ousada que ele já teve.

Não é de estranhar que meu pai é incrivelmente econômico. Não do tipo prudente; mão de vaca mesmo. Aos 85 anos, ele ainda usa pelo menos uma camisa que ganhou no aniversário de 21 anos. (Ela era de um tecido felpudo, mas, com as sessenta décadas que vieram, ela se camufla em meio às toalhas antigas, já que são mais ou menos da mesma cor.) Algumas pessoas têm cadeiras ou livros preferidos; meu pai tem um pedaço de corda favorito.

Quando a herdeira se casou com o plebeu, eles precisaram lidar com algumas transições interessantes. Minha mãe gosta de carros velozes; meu pai prefere os mais baratos. Minha mãe ama jantar em restaurantes chiques e ir ao teatro; meu pai prefere passar o tempo livre tirando restinhos de maçã da casca ou roendo até o último pedaço de uma espiga de milho. Minha mãe achava que eles sempre teriam dinheiro suficiente. Meu pai achava que eles nunca teriam. Os dois estavam errados. Eles brigavam por dinheiro, mas se viravam bem. Tinham contas separadas. Meu pai dava metade do salário para minha mãe. Eles combinaram quem pagaria o quê. E, no Natal e nos aniversários, eles davam presentes que gostariam de ganhar. Foi assim que uma vez meu pai ganhou uma pintura, mesmo não gostando de arte, e minha mãe ganhou um aspirador de folhas, mesmo não gostando de limpar as folhas do jardim.

Eu não entendia o que eles viam um no outro até que, inesperadamente, um estudante de pós-doutorado da Faculdade de

Economia de Wharton explicou. Scott I. Rick[54] estudou a teoria – e encontrou provas – de que pessoas que gastam muito tendem a sentir atração por pessoas avarentas para lutar contra as próprias tendências. Acontece que o casamento entre um gastão e um avarento como o dos meus pais é bem comum. "Quanto mais insatisfeitas as pessoas estão com as próprias reações emocionais em relação ao dinheiro, maior é a probabilidade de elas se sentirem atraídas por um parceiro com opiniões opostas em relação ao dinheiro", Rick escreveu em 2009. É possível que meus pais tenham ficado juntos não por terem superado seu histórico financeiro, mas, em partes, justamente por causa dele. (Existem duas falhas nessa teoria. Uma é que meus pais não concordam com ela. Minha mãe gosta de dizer que meu pai se casou com ela por causa do dinheiro e das pernas dela, só que o dinheiro durou um pouco mais. E a outra é que a maioria dos relacionamentos que Rick estudou não durou tanto: meus pais estão juntos há sessenta anos.)

Por que o dinheiro importa tanto?

Antes do casamento, todos nós já temos um relacionamento muito importante que não pode acabar: o relacionamento com o dinheiro. É uma conexão profunda e complicada, cheia de história e que muitas vezes nem percebemos. Como diz uma famosa frase da Bíblia: "onde estiver o vosso tesouro, aí estará também o vosso coração". O dinheiro não é só uma moeda. Ele carrega emoções. "Existem muitos sentimentos internos relacionados ao dinheiro, porque o dinheiro também pode refletir o poder e o equilíbrio de um relacionamento", diz Lauren Papp, diretora do Couples Lab (laboratório para casais) da Universidade de Wisconsin, em Madison, e autora de vários estudos sobre conflitos conjugais. "O dinheiro é algo que trazemos desde a infância. Então, o que o dinheiro significa para nós? Se alguém compra uma coisa, isso é um ato de amor, um pedido de desculpas, é aquilo que você esperava?" Lidar com a triangulação do relacionamento com o parceiro e o dinheiro pode ser bem complicado. Às vezes – parafraseando a princesa Diana quando foi traída pelo marido, o então futuro rei da Inglaterra –, o casamento pode ficar meio tumultuado.

Portanto, as brigas por dinheiro nem sempre são sobre ter o suficiente ou sobre dividir; elas mexem com a essência dos medos, das esperanças e dos desejos das pessoas. O medo de ficar sozinho e o de ficar pobre estão entrelaçados; tanto o casamento quanto a riqueza oferecem um sentimento de proteção e um porto seguro. Não é à toa que pessoas que estão sob pressão financeira se divorciam com mais frequência do que pessoas que não estão. Também não é coincidência que as pessoas adiem o casamento até terem segurança financeira. Esse é um dos motivos da queda na média de casamentos entre pessoas que possuem no máximo o ensino médio completo, e também é por isso que as pessoas com ensino superior completo se casam mais tarde, depois de conseguirem empregos estáveis.

Estudos[55] apontam que o dinheiro é o maior motivo de discussão entre casais (seguido dos filhos – a ordem é inversa em famílias com filhos de outros casamentos) e a fonte das brigas mais feias.[56] E, em casas onde o dinheiro não é o maior motivo de brigas, as discussões por dinheiro duram mais tempo ou abordam os mesmos problemas, que nunca são resolvidos.[57] Brigas por finanças, ao contrário das outras, geralmente pioram com o tempo. No estudo de papp, que pediu que cem esposas e cem maridos anotassem em um caderno todas as brigas que tivessem em um período de duas semanas, com descrições detalhadas e uma nota para cada briga, os maridos e as esposas disseram que se sentiam mais deprimidos após brigar por dinheiro do que em outras brigas, e os maridos afirmaram que ficavam mais bravos durante essas discussões do que nas outras.[58] O dinheiro também é o assunto que a maior parte dos casais diz ser um problema externo para eles, ou seja, não causado pelo relacionamento, mas uma pressão externa. É exatamente por isso que tantas pessoas que moram juntas dizem que não querem se casar.[59]

Existem muitas explicações plausíveis para o motivo de as finanças serem a faísca que inicia a maior parte das brigas. A primeira é que esse assunto é recorrente. É inevitável. Temos contas para pagar todo mês. Se elas não forem pagas, o efeito é imediato e difícil de ignorar. Assim, os casais têm várias oportunidades para discutir quem vai pagar o quê, analisar se certos gastos foram prudentes ou necessários, e descobrir de onde vem essa diferença tão grande entre o dinheiro que entra e o que sai. A boa notícia é que você terá várias oportunidades de praticar essas conversas de cabeça fria. A má notícia é que você também enfrentará várias conversas cheias de tensão e acusações.

A segunda explicação é que crises financeiras podem surgir de repente, o que aumenta os níveis de estresse de todo mundo. O carro quebrado, a demissão, o filho que, de um dia para outro, precisa de terapia ou ajuda médica, a geladeira quebrada e a cerveja morna dentro. As complicações financeiras têm um efeito cascata. Você não tem dinheiro para consertar a luz traseira do carro, você é parado e leva uma multa. Você não tem dinheiro para a multa, então é processado. Você não consegue pagar a fatura do cartão de crédito por alguns meses, e os juros começam a se amontoar.

Terceira explicação: os casais tendem a deixar as brigas por dinheiro para outro dia. Então eles acabam tendo a mesma briga sobre o mesmo problema de gastar demais ou sobre esquecer de mencionar um gasto extra ou uma conta não paga, ou por que não podem viajar nas férias, de novo e de novo. Como Ada Calhoun escreve em seu incrível livro *Wedding Toasts I'll Never Give* [Brindes de casamento que eu nunca farei], em todo casamento, haverá um momento em que "você vai sentir saudade da época em que só precisava pagar pelos seus erros". O marido de Calhoun costumava perder voos com passagens sem reembolso. Às vezes, meu marido esquece de pagar a fatura do cartão, mesmo quando temos dinheiro. Nada como ter a mesma briga pela sétima vez no ano para fazer o sangue ferver.

Por causa de toda essa confusão, muitas discussões financeiras não vão acontecer nas melhores situações possíveis. É difícil manter o tom de voz quando anoitece e não tem energia elétrica em casa, ou ficar calmo quando seu carro foi rebocado porque você não pagou a multa e você arruma um segundo emprego para tentar pagar as contas. Essas conversas são difíceis sob as melhores circunstâncias, mas muitas vezes elas acontecem nos piores momentos.

Batalhas financeiras também são diferentes de qualquer outro tipo de disputa, porque a perda de dinheiro, ou mesmo a ideia de ficar sem dinheiro, desperta nossa emoção mais forte: o medo. As pessoas ficam deprimidas quando acham que sua vida sexual está indo ralo abaixo, mas não entram em pânico. Elas ficam frustradas quando não conseguem entrar num acordo a respeito da educação dos filhos ou de quem vai cuidar delas, mas elas não imaginam que vão perder tudo. Por outro lado, deixar que alguém controle o nosso dinheiro parece invasivo. É ameaçador. Cônjuges trocam muitas informações financeiras e poder; com alguns cliques de um mouse ou uma assinatura forjada, o outro pode ter tudo. Os terapeutas chamam esse tipo de intromissão de "infidelidade financeira" porque gera quase os mesmos problemas de confiança que o sexo. Se o seu marido usa sua conta conjunta de uma forma que você considera arriscada, é muito difícil impedir que a sirene na sua cabeça acione o alarme que diz "Isso é sério, não é um treinamento".

Essa pequena bolinha de medo no centro das discussões financeiras do casal muitas vezes passa para o nosso lado irracional; imaginamos que podemos ficar sem nada, andando pelas ruas com sapatos que não servem direito, arrastando nossos pertences em uma mala de rodinhas que só tem uma roda. Temos medo de sair de casa e perder a vida que temos, de que nossos amigos nos abandonem e de só receber ligações de cobranças dos pagamentos atrasados. Parceiros que têm acesso ao nosso dinheiro, ou que nos sustentam, podem nos destruir. Essa é uma preocupação de alto nível.

Os erros que cometemos por dinheiro

Esse pode ser o melhor momento para eu contar sobre a vez em que eu perdi 70 mil dólares. É uma história hilária: esqueci de resgatar as ações. Elas venceram. Em um dia eu tinha 70 mil dólares para resgatar e, cerca de um mês depois, percebi que tinha esquecido de clicar no botão "efetuar operação" no computador, e pronto: a oportunidade havia ido embora. É difícil descrever o sentimento exato. Eu imagino que você consiga reproduzir meu sentimento deitando no chão e pedindo a um amigo que solte uma bola de boliche no seu abdômen de cima de uma escada. Senti arrepio, confusão, dor, náusea e um desejo profundo de que isso tivesse acontecido com outra pessoa. Por um tempo, dói até para respirar. A lembrança mais próxima que eu consigo associar a isso é a de quando eu era criança e tentei fazer gelatina no molde, igual ao desenho na embalagem. Eu não esperei o suficiente (que ironia) e, quando virei o molde, a gelatina ainda não endurecida escorreu em uma única bolota do molde, passou pelo prato, desceu até a pia e caiu no ralo. Eu assisti. Acho até que tentei, em vão, agarrar a gelatina, e paguei o mico de ligar para o SAC, para ver se teria alguma forma de pegar meu dinheiro de volta. Eu tinha feito alguma coisa, a gelatina estava lá, mas, por pura incompetência, ela já era. E foi tudo culpa minha.

Então este é o dilema de alguém na minha posição. Você contaria para o seu parceiro? Tecnicamente, o dinheiro também é dele, propriedade conjugal e tudo o mais. E essa quantia de dinheiro, com certeza, podia fazer diferença. Assim como muitos de nossos colegas na indústria dos conhecimentos, nós temos o que um amigo descreve como uma vida sofisticada precária. Nós ganhamos uma quantidade considerável de dinheiro e, mesmo assim, nunca sobra nada no final do mês. Mas, tecnicamente, nunca sobrou nada. Eu não tirei 70 mil dólares (ou 40 mil e poucos tirando impostos) das mãos dele. Eu só não consegui dar o dinheiro para ele. O mercado de ações não é um tópico frequente de discussão na nossa casa (óbvio), então ele nunca ficaria sabendo disso. O que há de ruim em não mencionar isso nunca?

Complicando um pouco mais a situação: não foi a primeira vez que eu perdi dinheiro por pura estupidez. Quando éramos imigrantes novatos em Nova York, desempregados e com apenas dois amigos e alguns meses de casados, entreguei 60 dólares para um rapaz que estava fazendo um truque de cartas nas ruas de Chinatown. Na época, aquele dinheiro deveria ser uns 20% dos nossos bens. Depois que nós perdemos – na verdade, eu perdi – o dinheiro, meu marido não disse muita coisa, mas surgiu entre nós uma ideia geral de que eu era uma idiota.

Ao contrário de mim, meu marido já teve que se preocupar muito com dinheiro. Ele tem problema nos pés até hoje porque não quis dizer para os pais (que sofriam para ter dinheiro no fim do mês) que seus sapatos da escola estavam apertados.

Ele sempre experimenta o leite das caixinhas abertas, pois já consumiu muitos copos de leite estragado na juventude. Um estudo[60] indicou que dificuldades econômicas na infância têm efeitos desfavoráveis na vida adulta, tanto psicológica quanto fisicamente, e qualquer problema com dinheiro pode desencadear as piores lembranças. Eu não queria de jeito nenhum explodir uma bomba perto do meu marido. Além disso, de acordo com os dados da companhia de seguro financeiro Experian, 20% das pessoas que se divorciam dizem que as finanças foram um dos fatores mais decisivos.[61] Credo.

Meu marido era amigo de um casal, agora divorciado, que tinha um problema porque o marido tinha o hábito de sair para ir ao mercado e voltar com botas novas ou um caiaque. Parecia tão aleatório, egoísta e impensado, mas havia uma história ainda mais complicada por trás disso. Ele era um refugiado da Europa Oriental. Seu pai, que havia sido um artista de sucesso antes de a família fugir, precisou fazer trabalho pesado no novo país, e eles estavam sempre apertados financeiramente. Ninguém na família falava inglês e eles se sentiam seres de outro planeta. O cara estava tão acostumado a receber salários atrasados e sobreviver em situações extremas que comprar coisas por impulso era sua forma de sentir que estava em casa, a salvo e no controle. Mas para sua esposa, que tinha aprendido com a família a economizar para pagar todas as contas e que, apesar de não ser rica, tinha aberto sua casa para outras crianças, aquilo era extravagante, imprevisível e egoísta. Ela sentia que, se ele a amasse, ele iria parar. Ela ficou cada vez mais ofendida e nervosa. Ele sentia-se ofendido e preso. Eles não conseguiram lidar com isso.

Mas não é só uma infância sem privilégios que ocasiona problemas financeiros no relacionamento. Estudos mostraram que tanto querer dinheiro quanto ter dinheiro podem ter um efeito pouco amigável nos sentimentos das pessoas. Em uma série fascinante de experimentos[62] em 2006, um grupo de pesquisadores estadunidenses e canadenses descobriu que pessoas que eram lembradas de dinheiro enquanto resolviam um enigma sobre dinheiro ou enquanto olhavam para notas de dinheiro do Banco Imobiliário eram menos propensas a oferecer ajuda quando alguém precisava delas. Elas também levavam mais tempo para pedir ajuda em tarefas impossíveis de se fazer sozinho. O experimento sugere que o dinheiro faz as pessoas se sentirem mais autossuficientes, mas também faz as pessoas acreditarem que as outras devem ser autossuficientes. Nenhum desses é um bom pré-requisito para o casamento, o maior esporte em equipe.

Explicando melhor: vários outros estudos mostraram que pessoas muito materialistas – ou seja, que valorizam ter muitas coisas caras – simplesmente afirmam que seus casamentos são menos felizes.[63] Em 2015, pesquisadores de Cingapura solicitaram que dois grupos de pessoas se imaginassem fazendo compras em uma rua luxuosa ou fazendo uma caminhada ao ar livre, e depois mediram sua atitude em relação ao casamento. Aquelas que haviam imaginado as compras tinham uma atitude mais negativa em relação a ter filhos logo após o casamento do que as pessoas que foram caminhar ao ar livre.[64] Eles testaram isso de seis ou sete jeitos diferentes e obtiveram os mesmos resultados. Os pesquisadores sugeriram que isso talvez ocorra porque o materialismo gera um resultado competitivo e não cooperativo, e comprar coisas requer tempo e energia; o materialismo "pode orientar os usuários a evitar formar relacionamentos próximos com cônjuges em potencial".[65]

Aliás, como qualquer um que já passou tempo com uma pessoa bem rica ou que estudou teoria interpessoal sabe, a privação é relativa. Se ela está bem financeiramente, mas não tem tanto luxo quanto imaginou, nem tanta exuberância quanto seus amigos, vizinhos ou antigos colegas de quarto, isso pode ocasionar uma angústia considerável. Ao tentar imaginar por que ela não está tão bem de vida quanto seus colegas, ela aponta o parceiro como principal suspeito.[66] Um estudo[67] de 2017 em vários estados dos Estados Unidos revelou que as percepções negativas dos maridos em relação aos hábitos de gastos das esposas, baseadas ou não em fatos, tinham quase a mesma probabilidade de gerar discussões sobre dinheiro do que dificuldades financeiras de fato.

Dinheiro é uma coisa com muitos gêneros

O efeito da riqueza no casamento se tornou bem interessante agora que as mulheres têm mais poder econômico do que nunca. Para começar, existem argumentos plausíveis de que as mulheres simplesmente decidem se casar com menos frequência quando não precisam de apoio financeiro. Mulheres solteiras que ganham na loteria tem 6% menos probabilidade de se casar nos três anos seguintes.[68] Cerca de 20% da diminuição dos casamentos nos últimos trinta anos pode ser atribuída à diminuição da diferença salarial entre homens e mulheres, de acordo com um estudo da Universidade da Califórnia, em Davis.[69] E com certeza mais mulheres optaram por terminar seus casamentos com o aumento do poder financeiro. Os números indicam que atualmente, a cada três divórcios, dois são iniciados pelas mulheres.

Na época dos meus pais, o acordo com as tarefas de casa era claro, e obrigatório. Os homens deveriam providenciar o capital e as mulheres deveriam providenciar o trabalho. Meu pai se encarregava da maior parte do dinheiro que minha mãe trazia para o casamento. A contribuição dela não a liberava das tarefas de casa. Mesmo depois de voltar para a universidade e para o trabalho, ela ainda fazia a maior parte das tarefas e cuidava das crianças. Meu pai era mais como um faz-tudo.

Mas o aumento do poder econômico das mulheres mudou muito a forma como nós ganhamos e pensamos no dinheiro. Nos últimos trinta e sete anos, o percentual de esposas que ganhavam mais do que os maridos aumentou de 4% para quase 25%,[70] e ter duas fontes de renda é considerado por muitos mais como uma necessidade para manter uma família com custos médios do que como uma anomalia. Em 2015, pela primeira vez, de acordo com o Instituto de Estudos sobre a Família, era mais comum as esposas possuírem maior grau de escolaridade do que os maridos. Essas mudanças no casamento são grandes e levam a negociações e atitudes muito diferentes em relação ao dinheiro. Em geral, não temos um exemplo dos nossos pais para seguir e aprender como lidar com essa situação, ou então não gostamos do modelo que conhecemos.

Uma geração de mulheres que cresceu vendo a mãe pedindo dinheiro para o pai – ou sofrendo para conseguir emprego e dinheiro depois de um divórcio – agora tende a ser mais proativa para buscar a própria fonte de renda. Durante as pesquisas para este livro, perguntei para mais de duzentas pessoas como elas organizam as finanças com seus parceiros. As respostas variaram, mas era claro que muitas das esposas se esforçavam para não serem dependentes. "Quando eu tinha 13 anos, em 1973, eu li (o best-seller feminista) *A mulher eunuco*", disse Maggie Alderson, que me respondeu do Reino Unido. "Eu coloquei na minha cabeça a ideia de que um dia eu teria que pedir dinheiro para um homem para comprar um vestido. Naquele momento eu prometi que sempre teria meu dinheiro e não o dividiria com ninguém."

O aumento de poder financeiro das mulheres foi um sucesso também para os homens, que, assim como meu pai, aumentaram sua renda sem precisar aumentar a carga de trabalho ao se casar com a mulher certa, mas isso tinha seu preço. Estudos[71] sugeriram que homens que ganham menos do que as esposas são mais propensos a ser infiéis e de precisar de medicamentos para disfunção erétil. Um estudo dinamarquês recente – de uma região conhecida por sua visão progressista sobre gênero – revelou um aumento de 10% no uso de medicamentos para disfunção erétil entre casais em que as esposas ganhavam mais do que os maridos.[72] Também descobriu que mulheres que ganham mais ou até a mesma quantia são mais propensas a tomar ansiolíticos. Economistas pesquisadores do censo dos Estados Unidos informaram, em 2018, que casais em que as esposas ganhavam mais eram propensos a minimizar as diferenças quando informavam a renda no formulário do censo.[73] As esposas tinham mais chances de informar um valor menor do que ganhavam e os maridos, um valor maior.

Por quê? Pesquisadores sugerem que isso ocorre porque homens sofrem com a ideia de não serem provedores. Por séculos, o trabalho do homem era trazer os bens para casa – e provavelmente ainda é o modelo em que os maridos cresceram –, por isso, quando não são ou não podem ser provedores, eles sentem que estão falhando enquanto homens. Pesquisas mostram que, mesmo no século 21, uma das formas que os homens encontram de "marcar território", como dizem no mundo animal, ou de atrair amantes em potencial, é gastando dinheiro.[74] Gastar certa quantia de dinheiro é o equivalente humano de abanar as penas de pavão ou esticar o pescoço de tartaruga. Assim, qualquer contratempo nessa área pode causar perda de confiança na cama, aumento do uso de Viagra, ou um desejo de reafirmar sua posição de macho alfa – daí a traição, para mostrar que ele ainda é atraente e viril. Enquanto isso, as esposas pisam em ovos, tentando não aumentar os sentimentos de vergonha dos maridos, mas ao mesmo tempo precisam falar sobre dinheiro, por isso os ansiolíticos.

A comparação é uma ladra de alegria e também é uma aproveitadora nos casamentos. As pessoas geralmente se avaliam por meio da comparação com seus cônjuges (se você tem feito isso em segredo, não se preocupe, estudos mostram que isso é completamente normal.[75] Sim, especialmente em relação à renda[76]). A boa notícia é que nem todos os homens ficam incomodados ao perceberem que suas esposas têm renda melhor que eles, especialmente os homens mais novos. Uma análise[77] de 21 anos de pesquisas na Suécia revelou que mulheres que foram promovidas tinham o dobro de chances de se divorciar, mas apenas se estivessem em um casamento com papéis mais tradicionais. Na verdade, enquanto um salário alto colocava em risco o casamento de uma mulher nos anos 1970 ou 1980, isso fazia pouca diferença para as taxas de divórcio entre pessoas que se casaram nos anos 1990.[78] E alguns homens ficam felizes de verdade com o sucesso de suas esposas, porque isso confirma que eles escolheram bem a parceira, ou porque mostra que foram escolhidos por uma pessoa talentosa, ou, melhor ainda, porque veem isso como uma vitória para os dois.[79]

A ligação entre amor e dinheiro é tão complicada, e as mudanças das últimas décadas são tão fortes, que um novo grupo de terapeutas que combina conselhos conjugais e financeiros surgiu nos últimos cinco anos. Esses conselheiros acreditam que os casais não conseguem resolver seus problemas financeiros sem resolver os problemas do relacionamento. "As pessoas têm todas as informações financeiras e, mesmo assim, não conseguem seguir em frente", diz Edward Coambs, terapeuta familiar e organizador da conferência anual da Financial Therapy Association (associação da terapia financeira). "É difícil seguir em frente porque o dinheiro é uma parte tão integral de nossa vida que não percebemos como ele nos influencia em um nível simbólico mais profundo." Nesses círculos, usar o dinheiro do parceiro sem a permissão dele é visto como abuso ou "violência das finanças íntimas do parceiro". Aliás, há uma escola de pensamento[80] que afirma que o dinheiro é o primeiro assunto que os terapeutas deveriam abordar, porque abre as portas para o que realmente está acontecendo na intimidade das pessoas e chega ao fundo de tantos problemas que estragam os relacionamentos: origem da família, limites, confiança, conflito e poder.

Coambs diz que muitos casais o procuram para pedir ajuda com um plano financeiro, mas não têm a "força conjugal" para seguir o plano até o fim. Eles precisam resolver sua fragilidade com dinheiro e ao mesmo tempo com o parceiro. "Se os dois não tiverem a habilidade de se sentar com calma para falar sobre finanças, qualquer informação que eu der vai ser inútil", ele diz. "Quem possui sentimentos profundos de vergonha, raiva ou medo devido a uma memória com dinheiro, tem também mais chances de se sentir provocado em uma conversa, e a pessoa que está provocando não vai entender por que o assunto é tão incômodo". Não tem sentido resolver as finanças sem resolver também a responsabilidade.

Como dividir o dinheiro?

Será que existe uma forma de lidar com as finanças que seja melhor que as outras? Eu conversei com mais de 150 casais ao redor do mundo para descobrir como eles dividem as rendas e os gastos, e consegui dezenas de variações de três respostas. Alguns casais gostam de ter conta conjunta. Eles dividem toda a renda e pagam tudo juntos. "É um acordo de portas abertas", afirmou um marido canadense. Para muitos, era questão de simplificar as finanças, e todo o resto. "Eu não consigo imaginar outra forma de fazer isso", disse uma professora e mãe de dois filhos no Brooklyn, em Nova York. Uma mulher australiana disse que seu marido odeia tanto cuidar das finanças que ele simplesmente pede à esposa que cuide de tudo. "Ele nem faz ideia de quanto temos na conta", ela afirmou. E tem a esposa americana que disse que ela e o marido tinham apenas uma conta conjunta. Então o marido gentilmente apontou que, na verdade, ela tinha uma poupança à qual ele, que ganhava mais, não tinha acesso. "Isso deixa ela feliz", ele disse. "Eu não sei por quê."

As dificuldades de colocar todo o dinheiro em um só lugar são óbvias: como determinar quem tem direito a um gasto supérfluo de vez em quando e como lidar com opiniões diferentes sobre o valor certo para usar com gastos pessoais. Um casal de Nova Jersey lidava com isso separando um valor que cada um poderia gastar dentro do orçamento: "Assim, não precisamos nos preocupar com isso". Eles fazem o controle de gastos uma vez por semana. As pessoas mais despreocupadas com as finanças eram mais tranquilas, afirmando que simplesmente avisavam o parceiro antes de gastar além de uma certa quantia, normalmente entre 150 e 200 dólares.

Outros casais (em menor número) preferem manter todas as contas separadas e dividir os gastos. "Eu pago algumas contas", disse uma esposa, que se casou um pouco mais velha, "e ele paga outras". Essa parece ser uma escolha mais comum entre casais que não têm filhos – talvez porque, para criar filhos, o casal precise de toneladas de dinheiro, e fica difícil separar as contas. Algumas pessoas sugerem que manter contas separadas demonstra que o casal tem menos compromisso no longo prazo e um não confia muito no outro, mas isso nem sempre é verdade; eles precisam de comprometimento e confiança para acreditar que cada um está pagando sua parte das contas. Dividir gastos pela metade nem sempre é justo: quando um dos dois ganha muito menos, então o outro precisa ser generoso com os depósitos. "Nós nem nos preocupamos com isso", me disse uma advogada de Nova York que está em um relacionamento de longo prazo.

"Nós pagamos tudo juntos. Se um de nós (eu) fica sem dinheiro, o outro (ele) dá uma ajuda."

Uma terceira opção, recomendada por muitos gerentes financeiros, que costumam ser conservadores, é um tipo de abordagem do seu, meu e nosso. Um grande percentual de cada salário vai para uma conta conjunta para pagar as despesas da casa, e um percentual menor vai para as contas individuais para cada um fazer o que bem entender. Depois que os percentuais forem estabelecidos e analisados, ninguém pode criticar as escolhas do outro, mesmo se parecerem bobas. Eu compro roupas em brechós, mas gosto de voltar lá todo mês e doar um monte de coisa de novo. Meu marido compraria um sobretudo caríssimo da Helmut Lang sem pensar duas vezes. E então ele usaria durante todos os dias frios por dez anos e ficaria mais chique do que um modelo, até eu entregar o casaco, sem querer, para o Exército da Salvação (Sacola errada, eu deveria ter levado para a lavanderia.) (Veja o capítulo 2 : "Fazendo as pazes"). Por outro lado, se ele quisesse gastar seu percentual da nossa renda em adesivos de arco-íris, eu não teria o direito de criticar, contanto que ele estivesse em dia com as suas obrigações financeiras.

Para muitos casais, um pouco de independência financeira, na verdade, é a opção mais romântica. "Com uma conta conjunta, dar presentes para o parceiro é meio sem graça", disse uma arquiteta americana que administra uma empresa com o marido. Além de ser uma renúncia, é mais generoso comprar um presente com um dinheiro separado para ser seu. E também tem o mistério do valor que você gastou.

Também existem casais, principalmente quando um dos dois tem a própria empresa, que preferem o sistema de três contas, porque querem uma demarcação clara entre as despesas residenciais e as despesas empresariais. Paul, que é um educador casado com a Mary, escreveu um livro premiado sobre o oeste americano. Ele levou quarenta anos. "No começo, eu critiquei Paul por gastar dinheiro no que eu imaginava que fosse um hobby em pesquisas históricas, então falei para ele fazer isso só com o dinheiro dele", ela disse. "Ele concordou, já que o dinheiro estava apertado no início do casamento. Desde então, tudo que ele quer fazer (academia, *personal trainer*, compras de instrumentos musicais, pesquisas históricas) ele mesmo paga."

A maior parte das pessoas acha que a terceira opção é a mais justa, de acordo com um estudo da Universidade de Maryland, de 2017,[81] que entrevistou uma amostra representativa dos Estados Unidos, que respondeu como as pessoas casadas deveriam organizar suas finanças. Curiosamente, todos sentiram que, se a esposa ganhasse mais dinheiro, ela deveria ter direito a ficar com mais dinheiro, enquanto homens na mesma posição não deveriam. O papel dos gêneros não desapareceu completamente, afinal.

Terapeutas também gostam do sistema de três contas, porque ele simboliza como um relacionamento saudável deve ser. "Ele reflete a natureza fundamental do comprometimento quando esse comprometimento é saudável", diz o pesquisador conjugal, Scott Stanley. "Existe o 'nós' e existe o 'eu e você'. E o 'você' não precisa desaparecer para que o 'nós' exista".

Claro, existem passos óbvios que todo casal pode dar. Tanto os avarentos quanto os gastões são beneficiados ao automatizar as finanças. Apenas transfira um valor específico todo mês para a sua conta (para aposentadoria, faculdade, investimentos). Guarde em uma conta que você não movimenta. Isso tem a vantagem de tranquilizar as pessoas que entram em pânico com as finanças. Meu pai, por exemplo, quando minha mãe voltou para a faculdade e se tornou professora, descobriu que o valor da aposentadoria dos professores na época era um bom negócio. Então minha mãe aplicava quase todo o pagamento na aposentadoria dela. Ela reclamava que não ficava com quase nada. Mas a expectativa tirava tanta pressão do meu pai que ele ficava calmo mesmo com as reclamações. Hoje faz trinta anos que eles vivem tranquilos com a aposentadoria dela (e os vestígios fracos da herança). A automação das finanças é um presente do universo para os gastões, os desorganizados, os impulsivos, e também para seus cônjuges.

Por outro lado, existe o orçamento, outra estratégia comum, que nem sempre é a solução para as complicações financeiras do casamento, de acordo com terapeutas. "Eu acho que alguns casais precisam muito e conseguem tirar proveito de um orçamento específico e rígido", diz Stanley. "Eu acho que a maior parte dos casais, principalmente os que têm boas condições, não precisam. É uma expressão de personalidade", Papp, do Couples Lab, concorda. "É muito mais complicado do que 'Qual é seu orçamento?', porque o assunto financeiro pode surgir de muitas outras formas numa discussão." Por exemplo, brigas sobre dinheiro podem surgir durante questões familiares, por exemplo perto de um aniversário. "As pessoas podem ter ideias muito diferentes em relação a isso: desde 'Por que você gastou tanto dinheiro?!' a Por que ainda não compramos um presente de aniversário para a minha mãe?'", diz Papp. "Eu acho que, para muitos casais, um orçamento não resolveria os problemas."

Uma palavra assustadora: dívida

Um dos assuntos mais complicados é a dívida, especialmente dívidas adquiridas antes do casamento. A dívida é como o cheiro que fica no banheiro; ninguém quer falar disso, é vergonhoso, difícil de ignorar e não é nada bom. "Ela mata aos poucos e acaba com a nossa autoconfiança", escreve Kathleen Gurney, psicóloga e autora de *Your Money Personality* [Sua personalidade financeira]. Em uma pesquisa recente com quinhentos adultos divorciados,[82] a maioria dos participantes ficou sabendo das dívidas estudantis dos parceiros depois que se divorciaram, e não antes do casamento. A dívida é uma assombração conjugal que aumentou nos últimos anos: em 1997, o crédito doméstico do consumidor nos Estados Unidos era de 1,34 trilhão de dólares. Em uma década, cresceu para 2,61 trilhões, e, no fim de 2017, era de 3,8 trilhões de dólares. Muito disso são as dívidas estudantis – os *millennials* também são chamados de "geração da dívida" devido ao fardo dos empréstimos estudantis –, mas 789 bilhões de dólares disso eram dívidas de cartão de crédito, que é como se fosse o nariz escorrendo quando choramos, o tipo de coisa que precisamos enxugar na hora. Então, se você conseguiu uma pilha de contas não pagas nas últimas décadas, você não está sozinho. A culpa não é só sua: nos últimos treze anos, a renda doméstica média aumentou em 4,4%, enquanto o custo de vida aumentou quase 30%. Os salários não duram mais tanto quanto antes.[83]

Então, se falar de dinheiro é pisar em ovos, falar de dívidas é como pisar em explosivos improvisados enrolados em arame farpado. Muitas pessoas evitam, literalmente, custe o que custar. Você pode até argumentar que a dívida é sua e que precisa lidar com isso e vai resolver em algum momento, mas não é bem assim que funciona. Se você não paga, em algum momento seu parceiro vai ter que pagar, a menos que você morra ou se separe. "Se vocês pensam em ficar juntos por bastante tempo e, quando chega o dia da aposentadoria, um descobre que o outro tem uma dívida de 200 mil no cartão de crédito; isso vai afetar os dois, a não ser que vocês se separem na mesma hora", diz Stanley. Se o seu parceiro faz uma dívida que requer a liquidação de um bem, você pode perder seu carro e seus bens também. Essa possibilidade com certeza vai causar um desconforto. Então o devedor fica na defensiva, o parceiro entra em pânico, e lá se vão três dias dormindo em quartos separados.

Estudos mostraram que o aumento das dívidas leva pessoas recém-casadas a passar menos tempo juntas e a discutir mais.[84] Não são só os juros que aumentam, o conflito também. Os casais ficam mais negativos à medida que o estresse financeiro cresce e isso diminui a qualidade e a união do relacionamento. Estudos longitudinais mostraram que, quanto mais um casal discorda em relação ao dinheiro, mais complicadas e negativas as brigas se tornam.[85]

Apesar disso, a dívida não precisa acabar com o casamento. Ela desperta emoções como vergonha e culpa no devedor, e medo e ansiedade no parceiro, que talvez também tenha que pagar. A única forma de seguir em frente é ser totalmente direto, radical e transparente. Encarar uma dívida juntos pode ser muito bom para um casal. Um estudo[86] sugere que ter aspirações e metas financeiras em comum, como quitar uma dívida ou guardar dinheiro para uma viagem, pode ajudar os parceiros a ficar mais próximos e diminuir não só a ansiedade financeira mas também a ansiedade no relacionamento. É como se os dois estivessem unidos contra os credores. De acordo com Gurney, "quando casais conseguem quitar as dívidas, eles começam a enxergar a si próprios e aos parceiros de forma diferente, e as brigas terminam".

Estabelecer metas financeiras também pode te ajudar a aprender mais sobre o seu parceiro e conhecer diferenças entre vocês. A revista *Money*, que faz pesquisas com casais sobre atitudes em relação a dinheiro e gastos, sugere que os casais aprendam a lidar com o problema respondendo a algumas perguntas.

- Quais são as três lições financeiras mais importantes que você aprendeu na adolescência?

- Quais são suas três maiores preocupações financeiras?
- Quais são suas três maiores metas?
- Quais são as três formas mais importantes de usar seu dinheiro para deixar um legado?

Consultores financeiros afirmam que vocês não precisam concordar com as respostas um do outro, mas entender o que é importante para o seu parceiro vai ajudar a entrarem num acordo e seguir em frente.

Eu nem preciso falar que é bem mais fácil continuar casado se você não estiver falido. Você vai ter companhia para cuidar das crianças, limpar a casa, fazer comida, além de uma casa com dois quartos. Você não vai precisar trabalhar tanto, se preocupar tanto, lidar com o estresse das contas não pagas, ser despejado, ir morar com os seus pais, ou sem ar-condicionado, ou em uma região perigosa com escolas ruins.

Mas, mesmo que você não tenha tudo que quer ou de que precisa, aqui vai um ponto importante para lembrar antes de voltar naquela mesma briga sobre a sua conta bancária: existem muitas provas de que o casamento enriquece as pessoas, literalmente. Não é só porque as pessoas mais ricas tendem a se casar, apesar de isso ser verdade. Também não é só pelos gastos com aluguel, seguros, impostos e serviços, o que também é verdade. Não é nem porque casais que se aposentam casados são mais ricos do que os que não se casam, embora isso, em muitos casos, seja verdade. Existe uma questão psicológica em jogo. Por exemplo: homens em casamentos felizes são mais responsáveis, menos agressivos, menos propensos a fazer algo ilegal, e possuem saúde mental melhor do que os solteiros e, por isso, tendem a ser mais trabalhadores. Isso não foi documentado apenas em um monte de pesquisas, também está registrado em obras de arte tão exaltadas quanto *Jane Eyre* e *Armações do amor*.

Estudos com gêmeos idênticos demonstraram que homens casados trabalham mais e são menos propensos a passar a noite toda em festas do que seus irmãos, que, no restante, são totalmente iguais a eles.[87] Uma análise de quase sessenta estudos sobre o assunto revelou que os homens casados ganham entre 9% e 13% mais do que homens solteiros com o mesmo grau de escolaridade e nível de experiência.[88]

Dados da Pesquisa Longitudinal Nacional da Juventude, nos Estados Unidos, que acompanha pessoas em seus 20, 30 e 40 anos, mostrou que aqueles que eram casados ficaram 77% mais ricos que os solteiros.[89] E um estudo de 2002 com adultos mais velhos revelou que aqueles que ficaram casados com a mesma pessoa durante toda a idade adulta tinham condições financeiras visivelmente melhores do que os outros. Tanto homens quanto mulheres divorciados que não se casaram novamente tinham uma média de 73% menos no banco do que aqueles que haviam se casado novamente.[90] Em parte, isso se deve ao fato de que pessoas casadas têm mais apoio. Elas possuem dois grupos de parentes. Elas têm mais acesso aos serviços públicos e outros, como plano de saúde. Um estudo recente atribuiu o aumento salarial entre homens casados quase totalmente ao fato de que homens com mais probabilidade de receber aumento tinham mais chances de se casar.[91] Por outro lado, também é verdade que o casamento é o maior sistema de companheirismo. Quando um dos dois tem um problema financeiro, o outro tem recursos para ajudá-lo a superar. E um pode incentivar o outro a tomar as decisões certas.

Por isso, divorciar-se por causa de problemas financeiros pode ser como deixar a louça suja para depois: no dia seguinte, vai ter muito mais louça e talvez algumas moscas de brinde. Isso é verdade, principalmente para as mulheres, e duplamente verdade para mulheres que ficam em casa cuidando das crianças.

As mulheres divorciadas são mais propensas a ficarem pobres do que as casadas. Pior, mulheres divorciadas com mais de 65 anos são mais propensas a ficarem pobres do que as viúvas.[92] Mesmo com a divisão de bens e a pensão dos filhos, o parceiro que não trabalha, geralmente a esposa, sempre acaba gastando o que tem, enquanto o parceiro com contatos e experiência de trabalho, normalmente o marido, consegue ganhar mais.

Entre os diversos papéis do casamento, está a parceria nos negócios. É a empresa "Nós Ltda.". Você e seu parceiro possuem vários acordos financeiros juntos. Vocês dois gerenciam seus filhos. Vocês administram uma pequena propriedade, sua casa. Vocês são *chefs*, motoristas particulares, diretores de cinema, agentes de viagem e conselheiros educacionais. Se a sua família é parecida com a minha, algum pobre coitado é chefe da sujeira da caixinha de areia, removedor emergencial de manchas e preenchedor de formulários entediantes.

Em uma empresa de sucesso, sócios geralmente informam um ao outro o que está acontecendo. Eles dão ideias, confiam um no outro e se ajudam. A transparência é a chave. Em um casamento de sucesso, existe outro ingrediente crucial: a vulnerabilidade. É quase impossível ter intimidade sem ela. Então, na verdade, eu não demorei muito para contar a meu marido sobre os 70 mil que eu tinha perdido – fiz questão de enfatizar que, na verdade, seriam só 40 mil dólares. Ele riu, de um jeito bem simpático.

CAPÍTULO 4

FILHOS

Uma das coisas que tanto eu quanto meu marido gostamos de fazer é andar de bicicleta. Não necessariamente juntos. Ele tem uma bicicleta retrô de corrida bem leve e delicada. Eu tenho uma bicicleta grande, estável, que funciona em qualquer terreno e tem uma cestinha. Ele corre, eu passeio. Mesmo assim, em um dia de verão, tivemos um encontro de bicicleta: uma aventura com piquenique e bicicletas, sem filhos, em um parque local que ele precisava visitar a trabalho. O plano era matar tempo juntos, comer um almoço leve e então explorar as esculturas e instalações artísticas do parque, que fica em uma ilha ao sul de Manhattan. Ele particularmente queria analisar alguns detalhes na calçada. (Veja *arquiteto*, nos capítulos anteriores.)

Logo que terminamos o almoço, que foi bem corrido, eu descobri que tinha travado nossas bicicletas com o meu cadeado nova-iorquino inquebrável e tinha perdido a chave. Então, nada de pedalar. Só andar. E olhar para a calçada, além de procurar uma chave bem pequenininha. Depois de passar o que para mim parecia uma eternidade fazendo isso, tivemos que empurrar as bicicletas até a balsa para voltar para casa. Empurrar uma bicicleta já é bem difícil; é difícil saber onde se posicionar para que os pedais não batam na perna. Empurrar duas bicicletas juntas, presas pelas barras transversais, é um pesadelo. Nós tivemos que andar nas laterais dessa engenhoca pesada, dando passos bem pequenos e parando várias vezes para arrumar os pedais, que ficavam enroscando na roda da outra bicicleta. Tínhamos que segurar as bicicletas em um ângulo esquisito para que ficassem longe dos nossos braços, mas na direção dos nossos pés. Tínhamos que andar na mesma velocidade e ainda tomar cuidado com as pessoas que entravam e saíam da ilha. Depois, tivemos que manobrar aquela tranqueira pelo metrô de Nova York, o que exigia subir e descer vários lances de escada.

Eu percebi – depois que chegamos em casa e descansamos bastante – que aquele exercício todo era bem parecido com a vida de pai e mãe: é trabalhoso, acaba com a diversão, exige muita ajuda e extrema dedicação para não culpar o outro quando as coisas saem do controle, e muitas vezes deixa o corpo todo dolorido.

Muitas das brigas abordadas no capítulo 2 – e também as mais sérias – serão relacionadas aos filhos. Filhos são criaturas incríveis, mas eles complicam infinitamente a vida do casal. As negociações conjugais pré-filhos parecem bem mais simples. Na verdade, não é muito diferente do namoro. Formar uma família é a coisa mais irritante, cansativa, mais cara e mais difícil que as pessoas podem fazer. E, ao contrário da maioria das atividades domésticas, fica mais difícil a cada dia.

Por séculos, o nascimento de uma criança tem sido considerado, em todo o mundo, o dia mais feliz da vida dos pais. Essa é uma tradição estranha, já que, para quase todas as mulheres, esse dia vai proporcionar a pior dor física da vida delas e, para quase todos os homens, vai ser a experiência mais íntima que eles vão ter com as gosmas do corpo de outro ser humano. (O artista britânico Robbie Williams descreveu o parto de sua filha como "ver meu pub favorito pegando fogo".) Enfim, os pais de primeira viagem acreditam que, se tudo correr bem, a perda da dignidade e dos fluidos vai valer a pena. O casal pode ter aguentado nove meses de gestação e um dia ou outro de agonia, mas eles têm um bebê! Eles são uma família! Eles conseguiram! Só que as pessoas não percebem enquanto estouram champanhe e mandam mensagens fofas para os parentes e amigos que o nascimento foi só o começo. A parte difícil de ter um filho ainda nem começou. Afinal, o que mata não é andar na prancha; é tentar nadar até a costa.

Sim, filhos são fonte de muita alegria, do tipo que não encontramos em nenhum outro lugar. Eu vou assumir que você já sabe disso. É a teoria mais aceita. Ter e criar filhos nos conecta com nossos ancestrais e com todas as criaturas vivas e todos os outros pais no planeta. É extremamente enriquecedor e agradável. Se eu pudesse me dedicar em tempo integral, eu provavelmente teria mais filhos. Eles são uma bênção de proporções imensuráveis e nos ensinam lições sobre amor, altruísmo, sacrifícios, e o que realmente importa. Além disso, eles são superfofos. Mas este é um livro sobre casamento, e eu me sinto no dever de dizer que os filhos são como um brinquedo que nunca para de funcionar e não acompanha manual de instruções. Eles precisam de cuidado constante e podem abalar o relacionamento do casal. Para mim, aquela ideia antiga de ter filhos para salvar o casamento é o mesmo que atear fogo no próprio barco para evitar que ele afunde.

Estudos[93] mostram que os casamentos muitas vezes passam por uma fase turbulenta após o nascimento do primeiro filho. Mas quase ninguém precisava que um pesquisador dissesse isso, já que os casais percebem que brigam bem mais depois que os filhos nascem (em especial aqueles que, antes de ter filhos, não sabiam discordar sem brigar).[94] Não é difícil de perceber por quê. O que era uma via de mão dupla entre você e seu parceiro vai se tornar uma rotatória. É bem raro fazer uma obra dessas sem danificar o asfalto. Para muitos maridos, especialmente os que continuam trabalhando fora, os primeiros meses da vida de pai são assim. A esposa, que antes o adorava, agora está cansada, irritada, com os seios doloridos e ocupados. Ela espera que ele faça tudo o que fazia antes, além de cuidar dela e passar as noites descontaminando a área de lixo tóxico sob a fralda do bebê. Ela fica acordada a noite inteira, preocupada com o bebê, mesmo que tenha acabado de olhar o berço. Ela não tem mais tempo de acompanhar as notícias, mas lê vários artigos que explicam quando o sorriso do bebê pode ser mais do que um reflexo.

Para muitas mulheres, os primeiros meses são assim. De um ser humano com total falta de controle do tempo e do próprio corpo, você se torna alguém que nem você mesma reconhece, alguém que solta fluidos, alguém que tem emoções estranhas e confusas, alguém com um universo totalmente novo de ansiedades e medos aleatórios. Você dorme alguns minutos quando precisa de horas de sono. Seu corpo produz leite mesmo que você não queira, e seu filho quer ser alimentado em horários que parecem não fazer sentido algum. Qualquer habilidade que você dominava antes de ter filhos – suas incríveis planilhas, sua culinária perfeita, sua noção de arqueologia na Tunísia – agora é inútil. Você era uma profissional de marketing muito prestigiada com um portfólio cheio de campanhas premiadas? Seu bebê não liga. Ele só quer expelir gases.

Quando um casal tenta a criação com apego, o estilo popular de criação de bebês que tem ênfase no contato físico com a criança, a adaptação pode ser mais complicada ainda. Os bebês ficam na cama, no colo, nos seios o máximo possível. Muitos maridos começam a se sentir como um músculo atrofiado ou um fantasma: eles estão lá, mas ninguém os vê.

Nossos filhos nasceram com quatro anos de diferença, ambos próximos do Natal. Pensando nos presentes, isso é meio chato para a criança, mas é ótimo para nós. Nos primeiros dois anos, nós embrulhávamos os mesmos presentes de chá de fralda ou de aniversário e entregávamos no Natal – até porque eles gostavam mais do papel que do presente. Meu marido, em vez de me dar de Natal algum item útil para mães, me deu dois anéis, com o nome e a data de nascimento dos nossos filhos. Era um lembrete de que ele via em mim mais que uma mãe, alguém que merecia coisas simbólicas, como adereços. Foi uma ideia muito boa, apesar de ele ter errado o aniversário do nosso filho. Ele não é muito de ler estudos, mas acontece que, no fundo, ele sabia (ou deu sorte mesmo) que pesquisas[95] indicam que mães recentes são mais sensíveis aos comportamentos de seus cônjuges e, se o marido se dedicar ao relacionamento enquanto a mãe se dedica ao filho, o casal pode negociar a transição para a vida com filhos de um jeito mais leve. Os homens precisam compensar, de certa forma, a redução temporária de emoções que as mulheres dedicam ao casamento.

Depois da parte difícil, vem a parte mais difícil

Claro, adaptar-se a um bebê é apenas o começo das dificuldades muito mais sérias que vêm pela frente. Como administrar tudo que precisa ser feito na próxima década e meia? Como dividir as tarefas igualmente? Os números continuam a mostrar que, apesar de haver cada vez mais homens trabalhando para criar os filhos – três vezes mais do que seus pais[96] –, as mulheres ainda são as principais criadoras, trabalhadoras e organizadoras. Vamos ser realistas: não podemos mudar a biologia. O sangue dela foi bombeado pelo coração do bebê. A comida que ela comeu sustentou o bebê. Qualquer centímetro a mais que a criança crescia era um centímetro a mais que o corpo dela precisava acomodar. Não existe igualdade de gênero no parto: a mulher faz quase todo o trabalho sozinha. E depois disso é o corpo dela que produz o alimento que vai nutrir a criança; com a mãe por perto, o bebê tem tudo de que precisa. Nesse momento, a natureza obrigou os sexos a se especializar.

A teoria do apego (a mais aceita sobre o desenvolvimento emocional dos seres humanos) afirma que os bebês se apegam ao principal cuidador, em busca de segurança e tranquilidade. Sem um cuidador confiável – se o bebê não receber o conforto e a proteção necessários nos primeiros três anos de vida –, a criança terá um desenvolvimento emocional bastante complicado. (Por exemplo, na idade adulta, dificilmente formará o tipo de laço que leva ao casamento.) Normalmente, no início, a figura de apego é a mãe, já que ela é responsável pela alimentação. Mas isso não quer dizer que o pai não precisa fazer nada. Os bebês podem ter uma hierarquia de apego, e ela pode mudar. E várias tarefas relacionadas aos filhos poderiam ser divididas igualmente. Até hoje, elas não são. Os dados do Departamento de Estatísticas do Trabalho dos Estados Unidos são claros: as mulheres ainda fazem mais. Em média, em 2015, "as mulheres passaram mais do que o dobro do tempo preparando bebidas e comidas e limpando a casa, e mais do que o triplo de tempo lavando roupas em comparação com os homens". Pouco mais que 1 em 5 homens fazem alguma tarefa em casa diariamente, contra 1 a cada 2 mulheres.[97] Em algum momento, ainda mais se voltarem a trabalhar fora em período integral, como mais da metade das mães[98] acabam fazendo, essa disparidade vai aumentar. Mesmo em casas com duas rendas, as mulheres passam quase o dobro do tempo fazendo tarefas domésticas e cuidando dos filhos em relação aos homens.[99]

Um dos principais motivos que levam os casais com filhos a brigar tanto sobre as obrigações de cada um é que, antes de gerar descendentes, eles não tinham ideia de como é difícil ser pai ou mãe. Criamos a ideia de que ter filhos é como uma empresa de sucesso, em que fazemos alguns sacrifícios, mas somos mais do que recompensados com uma série de alegrias indescritíveis, que muitas vezes envolvem empinar pipa ou ensinar uma verdade profunda para a criança. Antes de ter filhos, nós, pobres coitados, imaginamos cada momento: vamos pescar no nosso cantinho secreto com eles e jogar pedras no lago e correr das ondas. Vamos mostrar músicas boas para eles e ler *O menino maluquinho / O meu pé de laranja lima / Marcelo, marmelo, martelo /* [insira aqui seu clássico infantil favorito] e passar horas fazendo atividades divertidas. E essas coisas acontecem mesmo. Eu nunca vou esquecer o susto e a alegria que senti ao ver a expressão no rosto da minha filha de três anos quando misturou a tinta vermelha com a branca pela primeira vez. Com certeza, nem o Neil Armstrong ao pousar na Lua ficou tão fascinado quanto ela ao descobrir como fazer a cor rosa.

Mas momentos assim são só uns 3%[*] do tempo que você vai passar cuidando de seus filhos pequenos. Os outros 97% do tempo são cheios de complicações: levar para passear, organizar coisas, ler um livro bobo sem enredo definido, brincar de carrinho, misturar sucos, preencher formulários, empilhar blocos de montar, limpar copinhos, vestir bonecas, brincar de historinhas repetitivas intermináveis, preencher formulários, encher a banheira, esvaziar a banheira, limpar cocô da banheira, fazer comidinha sem gosto, segurar a colher para a criança que não abre a boca porque o feijão misturou com o arroz, limpar a sujeira do artesanato que a criança desistiu de fazer depois de dois minutos, ninar a criança e estar morrendo de sono, ninar a criança enquanto anda, ninar a criança enquanto pisa em brinquedos

---

[*] A porcentagem indica o tempo de acordo com a impressão que eu tive quando criava meus filhos.

duros de plástico. Se eu pudesse recuperar o tempo perdido tirando piolhos do cabelo dos meus filhos, eu poderia ter escrito este livro antes.

As pessoas que desenvolveram o pensamento complexo e a capacidade de trabalhar podem se perguntar se a vida agora se resume a isso. As pesquisas deixam bem claro que filhos não tornam os casais mais felizes. Um pesquisador revelou que "a maior parte das evidências transversais e longitudinais sugere... que o melhor é não ter filhos".[100] A pesquisa[101] também afirma que as mães se sentem mais insatisfeitas com o casamento do que os pais quando eles têm filhos. Um dos motivos é que os pais brincam com as crianças, enquanto as mães tendem a zelar pelos filhos,[102] ou seja, elas ficam com os filhos em lugares onde geralmente não acontecem coisas divertidas, como o trocador ou o quarto – quando os filhos estão cansados e irritados e não querem ir para a cama. Mães que não trabalham fora também são mais propensas a cuidar dos filhos enquanto fazem outras coisas, enquanto os pais simplesmente chegam do trabalho e se divertem com a risada das crianças. E ainda tem o déficit de diferença de dignidade. Uma vez, em um trem que ia de Washington a Nova York, vi uma executiva que parou de planejar uma apresentação com uma colega de trabalho para fazer uma análise de performance detalhada de dez minutos para uma criança que tinha feito o número dois no peniquinho pela primeira vez. Os homens não iriam receber essa ligação.

Quando eu voltei a trabalhar em período integral, coloquei uma placa na porta do meu escritório, ORDENHA EM PROGRESSO, para avisar aos que estavam passando que eu sentava na minha cadeira com a bomba que a empresa me deu e enchia garrafinhas de leite e em seguida eu colocava no freezer do escritório. (Alguns colegas ficaram com um pouco de nojo do leite, mas o jovem escritor que ficava no escritório do lado me disse que o barulho da bomba era bem relaxante.) A empresa me deixava tirar folga quando surgia algum problema com as crianças e lá dentro tinha uma creche de emergência, que usávamos em caso de confusão nos horários. Em uma ocasião, depois de ter sido chamada no escritório do meu chefe (que queria gritar comigo), recebi uma ligação da escola avisando que meu filho estava na enfermaria. Liguei para o meu chefe, que disse para eu ir à escola. No fim das contas, ele nem chegou a gritar comigo. Muitas, muitas empresas não são tão flexíveis em relação à maternidade, mas as grandes corporações nos Estados Unidos, afinal, não eram tão desafiadoras para um pai ou uma mãe do novo milênio. Em casa era outra história.

Meu marido fazia, eu tenho certeza, 300% mais do que o pai dele fazia como um pai envolvido. Ele com certeza fazia 300% mais do que o meu pai. Mas isso não chegava nem perto do suficiente. Em um momento, tivemos uma conversinha, e eu apontei que nós tínhamos a mesma carga horária fora de casa. Nós fazíamos praticamente as mesmas coisas em casa: ele cozinhava, eu limpava, ele fazia o café, eu arrumava a cama. Ele projetava a casa, eu garantia que as contas fossem pagas. Então por que ele não podia passar mais tempo cuidando das crianças? Por que cuidar das crianças era considerado "ajudar a mamãe" e não "cumprir o meu papel de pai"? Dica de profissional: se você pretende ter uma discussão desse tipo, por favor, leia o capítulo 2 antes. Assim, a sua briga vai ser melhor do que a minha. Um terapeuta (homem) aconselha as mães a usar uma voz "carinhosa, mas inabalável".[103]

Aparentemente, as normas de gênero são bastante rigorosas. Pesquisas apontam que a visão tradicional da mãe como a principal cuidadora ainda é bastante utilizada.[104] As políticas corporativas de assistência à criança ainda são elaboradas com foco nas mães. Os pais ainda são vistos como último recurso:

resolvem uma crise, mas não lidam com outras questões – eles simplesmente não têm tanto contato com os filhos.

Isso não é necessariamente um sinal de preguiça. Os homens tendem a focar a parte financeira. Nos Estados Unidos, o modelo de família em que a mãe trabalha fora apenas meio período é o mais apoiado em relação a qualquer outro; apenas 16% pensam que é melhor para a família se a mãe trabalhar em período integral.[105] Só que, para muitos casais, ter apenas um adulto que trabalha fora de casa está longe de ser uma realidade. De acordo com o Departamento de Agricultura dos Estados Unidos, considerando os custos de habitação, alimentação, transporte, saúde, roupas, educação – chamadas de "despesas mistas" –, as crianças nascidas em 2015 vão custar, antes de completarem 18 anos, uma média de 233.610 de dólares para pais de classe média.[106] Atenção: isso é só até o final do ensino médio. Não inclui a universidade.

Se o pai e a mãe trabalham fora de casa, vão ter que deixar os filhos na creche. Eu gosto muito de creches. É o melhor dinheiro que você vai gastar. Muitos estudos analisaram os efeitos de pais trabalhadores nos filhos e a conclusão predominante é que, especialmente depois do primeiro ano, não existe diferença significativa entre as crianças que vão para uma creche boa e aquelas que ficam em casa com a mãe.[107] Mas, mesmo que o pai ou a mãe fique em casa ou trabalhe meio período enquanto as crianças estão na escola, toda ajuda é bem-vinda. Esse cuidado adicional não precisa ser especializado ou muito caro; pode ser um adolescente que brinca com as crianças enquanto o pai faz o jantar, ou uma empregada doméstica que trabalhe semanalmente, ou até um centro comunitário onde seus filhos possam passar o dia fazendo o que mais gostam: brincar com outras crianças. Uma coisa interessante sobre pagar creche: dá à paternidade um valor em dinheiro. Todos os seres humanos, principalmente homens que trabalham fora de casa, apreciam mais um trabalho quando entendem que é possível atribuir um valor financeiro a ele. Pense nas despesas com os filhos como um investimento no seu casamento e na sua carreira, e não como "dinheiro que poderíamos ter poupado se um de nós ficasse em casa". Um estudo da Harvard Business School revelou que pessoas que gastam mais dinheiro para ter mais tempo livre (por exemplo, contratando alguém para fazer faxina ou cuidar das crianças) são muito mais felizes.[108] O dinheiro não resolve todos os problemas, mas pode nos ajudar a dormir tempo suficiente.

Se eu tivesse que fazer tudo de novo, eu faria o possível para que meu marido passasse um mês em casa depois que a minha licença-maternidade acabasse. Um estudo recente com onze países[109] sugere que a forma mais infalível e consistente de fazer uma divisão justa das tarefas domésticas é a licença--paternidade: os homens passam um tempo considerável em casa durante os primeiros dias de vida do filho – em outras palavras, para levar a licença-paternidade a sério. Depois de cuidar dos filhos e se familiarizar com a rotina, eles são muito mais propensos a realizar tarefas domésticas quando voltar ao trabalho. "Quando um pai passa semanas/meses cuidando sozinho dos filhos mais novos, ele tem um relacionamento mais próximo com os filhos no longo prazo", diz o estudo. "Ele deixa de ser alguém que ajuda em casa e se torna alguém que valoriza suas competências como pai ao se responsabilizar pelas tarefas domésticas." Quer saber por que os pais escandinavos são tão evoluídos? A licença-paternidade deles é bem específica: tem que ocorrer durante os primeiros dois anos do filho. Não pode ser substituída pela licença-maternidade, então só o pai pode usar esse direito e ele recebe uma quantia boa o suficiente para ficar três meses com os filhos.

Apesar disso, a única reação das famílias americanas em relação a isso é uma risada irônica. Nos Estados Unidos, nenhuma empresa é obrigada a fornecer licença remunerada aos funcioná-rios com filhos recém-nascidos. E, enquanto algumas empresas, especialmente no Vale do Silício ou em indústrias do conheci-mento, como a mídia e os bancos, têm políticas generosas, as empresas dos Estados Unidos geralmente não fornecem licenças familiares para os homens. Em 2018, de acordo com a Society for Human Resource Management (associação dedicada à gestão de recursos humanos), apenas 29% das empresas ofereciam licença-paternidade.[110] Mas, mesmo quando elas ofereciam, os homens raramente aceitavam. Depois que a licença compartilhada surgiu no Reino Unido em 2015, apenas cerca de 2% dos pais aceitavam. O Japão oferece aos homens até um ano de licença com paga-mento de quase 60% do salário, mas menos de 2% deles aceitam.

Nem todos os estilos de paternidade são considerados iguais

Nós não podemos culpar a disparidade nas tarefas domésticas inteiramente na cultura ou nas políticas de licença familiar, apesar de tudo. Parte do problema na minha casa, claro, era eu. É fácil se deixar levar pela nossa forma de fazer as coisas. É claro que eu me animava mais com a criação dos nossos fi-lhos, e que fazer isso bem, ou ao menos não tão mal, era mais importante para mim do que para o provedor da outra metade dos genes deles. Se as pesquisas estiverem corretas, eu não sou a única; as mães têm um padrão mais alto do que os pais na criação dos filhos.[111] Além disso, confesso que dá uma pontinha de satisfação em ver que meus filhos procuram a mim quando precisam de cuidados. Ser muito amado por essas pessoinhas é como a nicotina parental. A gente só quer mais e mais, mesmo se precisar tirar do parceiro.

Mas o meu jeito não era o único jeito de fazer as coisas. Tinha algum problema se nosso filho passasse um tempo dormindo largado no seu aparelho de pular, como uma marionete jogada, porque meu marido estava em uma ligação do trabalho? Tinha algum problema se nossa filha comesse um lanche do McDonald's? Às quatro da tarde? Ou seja, ela não ia querer jantar às cinco, mas ficaria com fome na hora de dormir? No longo prazo, não tinha problema. Mas, naquele momento, parecia um absurdo.

A verdade é que é bem difícil matar uma criança. Se seu parceiro não estiver colocando os filhos em perigo, deixe-o educá-los da forma como ele quiser, sem criticar. Para começar, ele vai aprender mais. Uma vez meu marido levou nossa filha para passear e não levou blusa de frio para ela. Eu não disse nada, mas, depois que ela começou a tremer, ele deu a blusa dele para ela e ficou com frio o resto do dia. (Se ferrou.) Outra vez, ele insistiu, contra os meus argumentos, que não teria problema deixar nossos filhos dormindo (de 3 e 7 anos) enquanto nós saíamos rapidinho para visitar alguns amigos que moravam no mesmo prédio. Nós demoramos um pouquinho para voltar e, quando chegamos em casa, nosso filho estava com a nossa filha agarrada na cintura dele. Ele estava chamando a polícia. Dizendo que não sabia onde seus pais estavam. Eu deixei meu marido se livrar dessa com a atendente da polícia.

Outro motivo para diminuir as críticas aos hábitos do seu parceiro é que os seus hábitos também estão longe de ser perfeitos. Essa é a parte boa de ter dois pais; cada um comete erros diferentes. Quando meu marido estava cuidando do nosso filho, ele caiu da cama. Quando eu estava cuidando do nosso filho, ele caiu do carrinho. Quem pode dizer quem é o pai mais perdido, afinal? Um pode compensar as falhas do outro.

Sim, existem tarefas em que as mulheres são melhores; geralmente aquelas que envolvem a alimentação e a atenção.

E existem outras em que os homens costumam ser melhores, normalmente ao deixar as crianças correrem riscos e desenvolverem a autoconfiança.[112] Isso não quer dizer que as crianças com pais do mesmo gênero estão perdendo isso, já que as diferenças entre os gêneros são menos importantes do que a interação e a parceria entre o casal. Além disso, a maior parte das tarefas pode ser feita por qualquer ser humano consciente.

Conforme os filhos crescem, é útil ter um ajudante/dublê/negociador de sequestros para fazer as tarefas mais desafiadoras. Minha filha adolescente achou que meu interesse nas atividades sociais dela era intenso demais, então construiu uma muralha ao redor dela. Mas normalmente, ela fala para o pai onde serão os encontros. Os pais dizem que não têm um filho preferido, e acho que é verdade. Mas, eles definitivamente passam por momentos em que um filho se torna mais irritante para um dos pais. Nesses momentos, é bom para esse pai e para o filho que exista alguém que ama os dois e que pode fazer a negociação.

Sociólogos e consultores parentais dizem que os pais mais eficazes são os "autoritários": eles não são indiferentes demais nem se envolvem demais na vida dos filhos. Ou seja, eles não são permissivos nem opressores. Pais autoritários não são democráticos, mas também não são ditadores. Eles dão exatamente a quantidade de liberdade que a criança necessita. Eles apoiam e incentivam, sem sufocar os filhos. Pense no Atticus Finch, na Marge Simpson, na Molly Weasley do Harry Potter. Eu nem preciso dizer que esse estilo é o mais trabalhoso: é preciso refletir mais, decidir em conjunto ao parceiro e colocar a mão na massa. Vai usar toda a sua banda larga disponível. O estilo de paternidade superenvolvido é o mais cansativo, mas o estilo autoritário é o mais difícil de todos. É como passar uma minhoca viva pelo buraco de uma agulha ou fazer ioga de olhos vendados.

Não é impressão sua, é mais difícil ser pai hoje

Minha mãe gosta de dizer que os filhos dela se criaram. Eu tenho três irmãos e passamos a maior parte da nossa infância aterrorizando uns aos outros; na piscina, no quintal, no quarto de brinquedos, no carro. Nós éramos péssimos nos esportes e piores ainda com instrumentos musicais. Fazíamos a lição de casa quase sempre, exceto quando mamãe nos chamava para ver alguma coisa engraçada na televisão. Quando perguntavam como nós estávamos, meus pais diziam que nós éramos "PQP: Produtos de Qualidade Passável" – existe uma expressão muito parecida, usada na compra e venda de mercadorias. PQP podia ser bom para avaliar a mercearia dos vizinhos, mas não era bom para um restaurante chique. Eles pararam de dizer isso, não porque mudaram de opinião, mas porque PQP agora tem outro significado.

O estilo *laissez-faire* da minha mãe não é mais tão comum. Por motivos bons e ruins, os pais hoje são muito mais rigorosos. Ser pai não é uma coisa que se torna, é quase uma profissão. É quase como se hoje os pais fossem curadores dos filhos, e não criadores. O jogo virou: se antes os filhos eram vistos como crias, hoje eles são vistos como pedras preciosas brutas que precisam ser cuidadas e polidas com precisão.

Não podemos culpar os pais por isso; agora há muito mais coisas a perder. O ensino superior agora é crucial para o sucesso e a estabilidade financeira dos filhos, e é tão difícil entrar na universidade que eles começam a se preparar extremamente cedo. Se o seu filho está no terceiro ano e ninguém te avisou que ele precisa de notas altíssimas e um monte de atividades extracurriculares para entrar em uma boa universidade, é melhor você começar a cuidar disso.

Mas não é só a universidade. Criar filhos se tornou um negócio de alto risco. Existem monstros em todo lugar: a babá negligente ou vingativa, o valentão na escola, o adolescente que quer vender drogas para o seu filho, o pedófilo que vai colocar as fotos da festa do pijama da sua filha na *deepweb*, até adolescentes perfeitamente normais que se tornam babacas nas redes sociais. Parquinhos são zonas de perigo. Piscinas são zonas de perigo. Camas elásticas são zonas de perigo (claro que são, mas ultimamente parece muito mais perigo do que diversão).

Outra sensação que nunca vai embora é o medo de ficar para trás; de não estar seguindo todos os passos necessários para garantir o sucesso dos filhos. De destruir as chances de sucesso do seu filho por ter esquecido tarefas básicas. Esse medo de incompetência começa cedo. É errado deixar o filho chorar até dormir quando ele tem problemas com insônia? É errado deixar a filha dormir na mesma cama que você? É errado dar chupeta para eles? Palitos de queijo não orgânicos? Iogurte integral? Quantas horas por dia eles devem ver televisão? E se você não conseguir matriculá-los na melhor creche/escola/universidade/escolinha de futebol?

Isso já seria pressão suficiente para pessoas que também estão tentando manter o emprego e o casamento sob controle, mas ainda tem a internet, que deixa tudo muito pior. Quer dizer, também deixa tudo melhor, porque você pode encontrar pessoas que pensam como você e podem responder perguntas tão estranhas quanto "O que devo fazer quando meu filho fica enfiando o pênis nos brinquedos?" e "Como posso lidar com a minha filha que não me deixa ir ao banheiro sozinha?". Mas, caramba, de todas as tarefas do mundo, a de ser pai é a que recebe mais críticas. E as redes sociais tendem a aumentar isso. Em 2016, um menino de 3 anos conseguiu dar um jeito de se enfiar entre as barras de uma jaula no zoológico de Cincinnati e depois foi agarrado por Harambe, um gorila de 180 quilos (que os funcionários do zoológico tiveram que matar). É um incidente trágico que, como qualquer pai de um menininho agitado de 3 anos diria, poderia muito bem ter acontecido com qualquer criança ativa e curiosa. Mas o ódio direcionado para a mãe do menino na internet foi impressionante. "Parece que alguns gorilas são pais melhores do que algumas pessoas", escreveu o comediante Ricky Gervais no Twitter. Outra celebridade, D. L. Hughley, adicionou: "Se você deixar seu filho no carro, você vai preso. Se você deixar seu filho cair na jaula do gorila, você deveria ser preso também!". Mais de 300 mil pessoas assinaram uma petição on-line dizendo que o ambiente familiar do menino deveria ser investigado por "negligência dos pais, o que poderia gerar sérios danos físicos ou até mesmo a morte".

A lição disso para os pais é clara: qualquer erro, mesmo que seja tão pequeno quanto desviar a atenção de um filho para o outro por um ou dois minutos, pode fazer com que centenas de milhares de pessoas, incluindo famosos, queiram te envergonhar em público. Um estudo de 2017 da Universidade de Michigan[113] revelou que 61% das mães afirmaram já terem sido criticadas por suas escolhas na educação dos filhos.

A resposta dos pais para esses riscos maiores é se esforçar mais. Nós educamos de forma mais rígida. Nós fazemos mais, nos envolvemos mais na vida dos filhos, sacrificamos mais de nós e do nosso tempo. Nós lemos livros que ensinam que bater nos filhos é uma educação fraca, mas que deixá-los de castigo também é uma educação fraca, e também que, de acordo com um manual recente, falar "bom trabalho"[114] também é. Parece que, enquanto a pressão para criar filhos cresceu de certa forma, o alcance de ferramentas comportamentais à disposição dos pais diminuiu. (Para ser clara, eu não sou fã de palmadas. Estudos sugerem que é mais prejudicial que benéfico. Eu só acho que existe uma grande diferença entre fazer um escândalo toda vez que seu filho fizer algo errado e perder a paciência uma vez quando seu filho fizer algo horrível e/ou perigoso pela quinta vez. Pais também são gente.)

É por isso que a vida durante a criação dos filhos pode ser tão difícil para os casais. Eles nunca vão concordar sobre quais desses medos são razoáveis e quais deles são besteira. Eles quase nunca vão ter as mesmas prioridades para os filhos e, quase sempre vão ter níveis diferentes de permissividade e disciplina. Além disso, ao passarem mais tempo com os filhos, eles passam menos tempo um com o outro. Isso resulta em menos tempo para discussões saudáveis e menos oportunidades para fazer coisas que mostrem que os dois estão no mesmo barco, e mais ocasiões em que eles terão um prazo bem curto para expressar suas opiniões.

As famílias são pequenos ecossistemas: quando um filho tem problemas, todos são afetados. Uma doença mental, uma prisão, um acidente, um transtorno alimentar não são coisas que simplesmente acontecem com um filho. Elas afetam o relacionamento do casal, afetam o modo como os pais agem com os outros filhos e o modo como os filhos agem uns com os outros. Esse tipo de coisa pode dominar toda a atenção de um dos pais e afastá-lo completamente do resto da família. E, se os pais não chegarem a um acordo de como lidar com a crise, a situação pode ficar ainda mais frágil.

Mas, mesmo em tempos menos dramáticos, brigar para decidir quem vai lidar com as crianças é como passar mal no carro: é comum, requer atenção urgente e demora para acabar. Imagine que você precisa entregar ao seu chefe um projeto que deveria ter sido entregue ontem e atrasou porque uma criança precisava de material para a escola. Enquanto isso, seu marido vai trabalhar o dia todo, depois precisa levar as crianças para o treino de futebol. Então você recebe uma ligação da escola falando que seu outro filho, que não joga futebol, está com conjuntivite e precisa ir para a casa imediatamente e só vai poder voltar para a aula depois de dois dias com um atestado médico. De quem é o trabalho de parar o que está fazendo, buscar a criança, levar a criança ao médico, comprar remédio e chamar alguém para ficar com a criança no dia seguinte? É da pessoa que está mais próxima da escola ou da pessoa que está fazendo menos pela família? É da pessoa que não ajudou da última vez ou da pessoa que tem mais flexibilidade para adiar os prazos no trabalho? É uma negociação infinita.

Tudo seria muito mais simples se os filhos simplesmente seguissem as nossas ordens e fizessem em um tempo viável todas as coisas razoáveis que pedimos. Infelizmente, a obediência não é inerente à espécie humana, especialmente entre os mais novos. Os jovens são mais talentosos na arte de fazer coisas que não deveriam. Ou seja, muitas vezes os pais vão acabar em situações de confronto. Alguns pais são mais rígidos com infrações do que outros. E os filhos são incrivelmente bons em descobrir as características dos pais e colocar um contra o outro. Isso é difícil, porque nem sempre o casal sabe quando os dois vão lidar de formas diferentes com o mesmo problema. Nenhum casal se reúne antes do casamento e diz "Quando nossos filhos forem adolescentes, vou querer que eles durmam às onze da noite, tenham tanto dinheiro no bolso quanto eles tiverem de idade e não usem roupas curtas e cavadas até completarem 18 anos. O que você acha?". Imaginar técnicas de disciplina para filhos que nós ainda nem temos, por infrações que eles ainda nem cometeram, é algo além da nossa capacidade de pensamento abstrato. Nós ainda nem sabemos que tipo de pais seremos, já que herdamos um pouco do estilo dos nossos pais e nossas opiniões ainda não estão definidas.

Eu me lembro bem de quando eu disse o palavrão com F para a minha mãe pela primeira vez. Ela não disse nada, mas eu me revirei até minha culpa me sufocar e então pedi desculpas. Eu não consegui transmitir o gene do peso na consciência para os meus filhos, que falam comigo como se fossem membros de uma gangue e eu o guarda mais fraquinho da prisão. No começo, eu briguei com eles, mas meu marido ficou quieto, e as crianças perceberam a brecha e aproveitaram. Depois de várias tentativas de evitar os palavrões – fizemos tabelas, um pote dos palavrões (quem falasse palavrão colocava dinheiro no pote), deixamos recadinhos, retiramos privilégios, tomamos brinquedos ou aparelhos digitais, demos prêmios para quem ficasse uma semana sem falar palavrão, criamos um sistema complexo de trocas em que uma pessoa se negava a dar conselhos se a outra não parasse de falar palavrão – eu simplesmente desisti e fiz o possível para ignorar. O que, para deixar claro, também não funcionou. Sem a ajuda do meu marido, era impossível controlar a influência das músicas, dos filmes e do comportamento dos vizinhos na vida dos meus filhos nova-iorquinos do século 21. Acho que teria sido impossível mesmo com a ajuda dele. Em algum momento, você e seu parceiro precisam ter uma conversa para decidir em quais batalhas disciplinares vocês vão se render e em quais delas vão se equipar e defender sua causa. Pode ser que vocês percam, mas ao menos vão perder juntos.

Quando você precisa escolher

É tentador querer ficar do lado dos filhos, especialmente quando as coisas não estão indo muito bem com o parceiro. E é fácil; biologicamente, somos quase programados para isso. E eles são tão fáceis de amar, ainda mais quando são pequenos e suscetíveis à mágica de um abraço. Mas nós escolhemos amar nossos cônjuges. E precisamos continuar amando. É um tipo diferente de amor, não só porque envolve sexo. Amar os filhos é como ir para a escola – não temos muita escolha. Amar o cônjuge é como ir para a universidade – escolhemos se queremos ou não. Mas é uma má ideia priorizar apenas os filhos. Primeiro porque os filhos se tornam adolescentes e quase não querem nossa atenção. E depois eles vão embora. Eles não querem ser o objeto de todo o nosso afeto. Depois de doze ou treze anos no planeta, eles vão reagir a qualquer demonstração pública de afeto com revolta, suspeita ou mau humor. Acreditar que um filho vai ser nosso companheiro e ajudante é como acreditar que um viciado vai tomar conta dos seus bens. Eles simplesmente não conseguem. Eles têm outras prioridades. E não é justo pedir que eles façam isso.

Em segundo lugar, estudos mostraram que os filhos cujos pais se amam são muito mais felizes e confiantes.[115] Eles têm um exemplo de como um relacionamento deve ser, e de como as pessoas devem tratar umas às outras. É isso que o ditado popular "educação vem de casa" quer dizer. As pessoas aprendem a ser educadas a partir do comportamento que elas veem na própria família. (Isso foi um choque para mim, já que eu cresci achando que esse ditado dizia que as crianças tinham que saber todas as matérias antes de entrarem na escola.) Em seu best-seller *o significado do casamento*, Tim Keller percebe que privilegiar os filhos o tempo todo prejudica as famílias. "Se você não ama tanto o seu parceiro quanto ama seus filhos", ele escreve, "sua família inteira vai sair dos eixos e todos vão sofrer. Todos".[116] E, ainda assim, quando a escritora Ayelet Waldman afirmou em um ensaio[117] que, apesar de amar seus quatro filhos, ela só estava apaixonada pelo marido, isso gerou um escândalo público.

Keller é pastor e pode ser visto como propenso a favorecer o casamento, e Waldman é uma ensaísta que pode ser vista como propensa a usar hipérboles, mas várias pesquisas sugerem que eles têm razão. Os filhos são profundamente afetados pelo relacionamento de seus pais. Estudos de diários (quando os pais mantêm um diário de suas atividades no final de cada dia) mostraram que tensões mal resolvidas entre um casal tendem a refletir nas interações dos pais com os filhos, especialmente entre os homens.[118] Outra pesquisa afirma que filhos de pais agressivos culpam a si próprios pelas brigas e tiram notas piores na escola.[119] Uma pesquisa de 2011 em 40 mil casas do Reino Unido revelou que os adolescentes geralmente são mais felizes quando a mãe está feliz com o relacionamento com o marido.[120] Uma das melhores coisas que podemos fazer pelos nossos filhos é amar o nosso cônjuge.

Tanto sociólogos, que examinam o problema a vários quilômetros de distância, quanto terapeutas, que conhecem microscopicamente a vida das pessoas, encontraram evidências de que filhos de pais casados são mais habilidosos em quase todas as áreas quando comparados aos filhos de pais divorciados, a não ser que o casamento seja cheio de conflitos. (Claro, vou continuar repetindo caso você não leia todos os capítulos: alguns casamentos são tóxicos demais e se um dos pais ou um filho estiver em perigo, ele ou ela deve sair e levar as crianças.)

Esse assunto é bem complicado, e teóricos muito respeitados chegaram a conclusões diferentes ao analisar os dados. Óbvio, muitos filhos de casais separados estão perfeitamente bem. Mas as estatísticas não são animadoras. Pesquisas[121] sugerem que, no longo prazo, crianças de pais divorciados tendem a sofrer mais de problemas comportamentais, psicológicos, de saúde e acadêmicos, e a ser pobres e se divorciar. Esses efeitos podem durar até a vida adulta, e o divórcio pode ter efeitos negativos inclusive se acontecer quando os filhos já são adultos.[122] Na verdade, a psicóloga Judith Wallerstein argumenta que o impacto cumulativo do divórcio aumenta com o tempo.[123] É verdade que a crise financeira que sucede muitos divórcios pode ser a causa de várias outras adversidades, mas estudos que consideraram a renda descobriram que filhos de casais divorciados enfrentam mais desafios do que aqueles cujos pais continuam casados.[124] Isso não quer dizer que ninguém deveria se divorciar; mas que os filhos se beneficiam quando os casamentos são bons, ou seja, preferir os filhos ao cônjuge não ajuda em nada.

Muitas vezes os pais investem tanto na paternidade, em fazer tudo certo, que o que deveria ser um trabalho de equipe passa a ser uma ameaça à existência da equipe. Na verdade, alguns estudiosos modernos afirmam que a paternidade hoje é o único motivo para as pessoas se casarem: é a forma mais eficiente e confiável de administrar com sucesso a responsabilidade trabalhosa e duradoura de ter filhos.[125] Então, depois que os filhos saem de casa, os pais não têm muita noção do que fazer. Seria como pedir a jogadores de um time de futebol que continuem viajando juntos sem jogar nenhuma partida. Não tem sentido. Com a falta de um propósito em comum, eles se separam.

É isso que os terapeutas dizem que está por trás do aumento recente no chamado "síndrome do ninho vazio" ou "divórcio grisalho". Karl Pillemer, gerontologista da Universidade Cornell, que entrevistou setecentos casais para o seu livro sobre o que faz o amor durar, diz que uma de suas maiores descobertas foi como o "apagão de meia-idade" em relação a filhos, tarefas e trabalho era perigoso para os relacionamentos. "É impressionante como poucos deles conseguiam lembrar-se de um momento em que ficaram a sós com seus cônjuges. Era disso que tinham desistido", ele afirma sobre a sua pesquisa. "Muitas e muitas vezes, as pessoas voltam a ter consciência aos 50 ou 55 anos e não conseguem ir a um restaurante e conversar com o cônjuge."

A única forma de evitar esse resultado é lembrar que – malditas sejam as pesquisas – os filhos não são a razão de vocês terem se casado; eles são um projeto muito exaustivo que vocês criaram juntos, como um quebra-cabeça móvel tridimensional que se comunica com vocês e deixa roupas íntimas no banheiro. Uma mãe que eu entrevistei para este livro descreveu o tipo de trabalho em equipe que ela precisava ter com o marido: "Um roubando o banco e o outro dirigindo o carro de fuga". Às vezes, esse tipo de parceria requer um tempo de férias sem os filhos. Em outras ocasiões, basta que um dos dois se lembre de dar mais valor ao outro que aos filhos de vez em quando.

Quer saber como é isso? Eu devo ter mencionado, bem por cima, que meu marido é arquiteto. Ter um arquiteto na família quer dizer que, ao viajar para qualquer lugar, você vai ter que ver prédios. Não só igrejas maravilhosas e galerias de arte interessantes, mas prédios públicos, escritórios do governo e até mesmo casas de pessoas que não ficam tão empolgadas com gente espiando. Muitas das obras de arte vão ser, digamos, fora de mão. (Um dos chefes do meu marido fez a família viajar para ver um prédio na França que era tão longe de onde eles estavam que, quando chegaram lá, já estava escuro. Então eles apenas tocaram o prédio.) E, quando você chegar ao seu destino, prepare-se para as fotografias. Não fotos de você e das crianças (a menos que vocês ajudem a dar uma ideia de escala), mas fotos de detalhes: o canto de uma janela, os degraus de uma escada, o corrimão contra a parede, o sistema de calhas. Em algum lugar no arquivo do meu marido, há várias dúzias de fotos do elevador que estava em manutenção no Louvre. Detalhe: ele não tem nenhuma foto da *Mona Lisa*. As crianças preferiam fazer algo que envolvesse compras. Eu preferia fazer algo que envolvesse a natureza. Mas meu marido fica tão empolgado com essas excursões de arquitetura que nós vamos. Onde quer que a gente esteja, nós gastamos um bom tempo olhando prédios, porque, quando decidimos por votos, eu (quase) sempre voto a favor do meu parceiro de time. E também porque as famílias não são democracias e os pais vencem.

E, por mais clichê que pareça, não subestime o valor de passar uma noite na cidade – ou em qualquer lugar em que não tenha crianças – com o seu parceiro. O segredo é ter bastante tempo ininterrupto a sós para vocês se lembrarem de quem são e o que fez vocês se apaixonarem. Ou, se isso não for possível, apenas esteja presente e garanta que não está perdendo nada importante. "As pessoas *devem* reservar esse tempo para os casais", diz Pillemer. Não precisa ser chique. Um dos casais que ele entrevistou costumava ir ao McDonald's. Esther Perel, especialista em infidelidade, sugere encontros no café da manhã. (Vocês podem deixar os filhos na escola e tirar um dia de folga no trabalho.) Quase todas as pessoas viverão muito mais tempo como um casal do que como pais. É melhor não perder essas habilidades de dupla; elas serão úteis.

Como não explodir em uma família nada explosiva

Quase todos os problemas relacionados a criar filhos – especialmente encontrar babás que cobrem um valor justo, para saídas casuais à noite ou de manhã – são muito mais fáceis de lidar se a família estiver por perto para ajudar. O problema com isso é que a família vai estar por perto. Para "ajudar". Esse não era nosso problema. Nós temos famílias amorosas que moravam bem longe. Se meu marido e eu quiséssemos sair, nós precisávamos pagar a alguém para cuidar dos nossos filhos. Em um momento da minha carreira, eu era mais ou menos obrigada a ir aos lançamentos de filmes. (Eu sei, é péssimo, por favor, mandem pensamentos positivos e orações.) Por vários anos, esses eram os únicos encontros que eu tinha com meu marido. Era ficar em casa e comer macarrão com queijo ou ir para uma festa de lançamento de um filme do George Clooney e pagar os custos da babá parceladamente. Nem valia a pena gastar com coisas menos interessantes. Já passamos várias noites desejando ter mais parentes e morrendo de inveja dos amigos que podiam deixar os filhos com alguém da família e ir passear.

Mas você já deve saber que, com os parentes, nem tudo são flores. A esposa de Ernest Hemingway, Martha Gellhorn, disse que nenhuma mulher deveria se casar com um homem que odiava a própria mãe. Eu tenho noção de que milhares de mulheres, por outro lado, acham que isso é perfeito, porque significa que elas não vão precisar ver a sogra. Uma média entre os dois seria ver os sogros mais ou menos como o Canadá vê os Estados Unidos – como um aliado útil e conveniente, mas não como soberano. Eu tenho amigos indianos que foram os primeiros da família a se casar por amor, em vez de ter um casamento arranjado. Como se isso não fosse revolucionário o bastante, eles também decidiram que não queriam ter filhos. Em uma reunião de família, a mãe do marido, na esperança de convencer a nora a mudar de ideia, começou a dar conselhos. O filho atravessou a sala e se colocou entre a mãe e a esposa e disse: "Se você quiser falar sobre isso, fale *comigo*".

Sua lealdade ao parceiro deve vir antes da sua lealdade aos pais. Isso pode ser difícil, principalmente se você ainda é próximo dos seus pais, como eu, e se sente levemente culpado pelas vezes em que você talvez não tenha sido um exemplo de filho, como eu me sinto. Quando meus pais nos visitavam – e isso é bem australiano –, eles geralmente ficavam com a gente no nosso apartamento, que tem um banheiro. Mesmo adorando a presença deles, muitas vezes eu ficava bem incomodada com as opiniões da minha mãe sobre as escolhas de vida que fiz com meu marido. Até que meu irmão sussurrou para mim o conselho mais sábio que já recebi: "Você precisa diminuir a frequência do seu receptor de mãe. Está tendo muita interferência". Às vezes, é mais delicado não se importar com a opinião das pessoas que viram você nos seus primeiros anos de vida e meio que esqueceram que você cresceu.

Faça o possível para ficar bem com os seus sogros, ao menos pelo bem dos seus filhos. Avós – e tios e tias – podem edificar a noção de que eles vieram de algum lugar. Pesquisas sobre resiliência mostraram que ter um grande número de relacionamentos saudáveis ajuda a criança a superar adversidades. Estudos sobre avós ainda são raros, mas pesquisas sugerem que as crianças que têm relacionamentos próximos com os avós têm menos chances de se tornarem jovens adultos deprimidos.[126] Essa harmonia entre as gerações vai ser mais fácil se você assumir que todos têm boas intenções e decidir que o principal objetivo de qualquer visita aos seus sogros é para lembrá-los de que você é uma pessoa agradável. (As obras de Jane Austen oferecem ótimos estudos sobre o assunto.) Você pode até descobrir, como eu descobri, que seus filhos abrem caminhos ainda não explorados de conexão com os seus pais e seus sogros. Vocês todos têm um interesse vital nesse novo ser, e é um assunto que podem discutir sem ressentimento, ao menos no começo. É claro que eles vão ter opiniões diferentes das suas sobre a criação dos seus filhos, mas são apenas opiniões. Não são ordens. Não há mal algum em seguir a abordagem R&I (Reconhecer & Ignorar). Seus sogros são os responsáveis pela criação do seu cônjuge, então faça pelo menos uma cortesia por visita. Se o vovô e a vovó são horríveis e tóxicos, e as crianças só vão ver vocês brigando, é melhor dar um tempo nas visitas. Pesquisas apontam que o relacionamento dos pais com os avós é o fator-chave para definir quanta influência os avós têm e se ela é boa ou não.[127] Para deixar claro, meus sogros são ótimos.

O escritor Jamie Malanowski perdeu o irmão para uma infecção viral quando ele tinha 7 anos e seu irmão tinha 15. Depois disso, ele meio que perdeu o pai também, já que o homem se enfiou no trabalho para diminuir a força do luto. "Ele arrumou um segundo emprego. Começou a fazer mais horas extras", Malanowski escreveu em um ensaio para a revista *Time* no Dia dos Pais. "E, quando ele estava por perto, ele agia mais como um estranho do que como parte da família. Normalmente, quando ele tentava se incluir, era estranho. Ele teve que se esforçar muito. Quando entrei na adolescência, eu já tinha perdido a vontade de tentar." Mas, depois que Malanowski teve filhos, seu pai se tornou um novo homem. Já com 70 anos, ele sempre brincava com as netas. Ele brincava que estava machucado e elas colocavam curativos nele. Ele andava de montanha-russa com elas e as levava ao zoológico. "Com o tempo, alguma coisa inesperada aconteceu: eu e ele ficamos mais próximos", Malanowski escreve. "Em parte, com certeza, porque eu estava mais maduro e, como eu tinha me tornado pai, eu apreciava mais tudo que ele e minha mãe haviam feito por mim e meus irmãos. E o que eles tinham perdido. Mas em parte, também, porque ele tinha mudado." A experiência de Malanowski, apesar de extrema, acontece em várias famílias. Não deixe passar a oportunidade de conhecer seus sogros de uma forma diferente.

Às vezes, parece que a paternidade é feita só para sugar toda a alegria de estar com o nosso parceiro. Mas não é; é apenas uma grande aventura, que é muito melhor quando encarada em conjunto. A história do fracasso das bicicletas no parque não é a pior história de bicicletas da minha família. A pior foi a vez em que um idiota tentou roubar a bicicleta retrô que estava no corredor em frente ao nosso apartamento. Ele foi interrompido por meu marido, que, usando apenas cueca e botas, foi atrás dele pelas ruas de Nova York às três da manhã. O assaltante, que estava na bicicleta, conseguiu fugir, mas depois deu a volta (parece que calcular riscos não era sua melhor habilidade) e meu marido o alcançou de novo, dessa vez gritando "Ladrão de bicicletas!". Os gritos furiosos – e talvez a roupa peculiar – chamaram a atenção da polícia, que havia sido alertada pelos vizinhos e estava passando por perto, buscando o paradeiro do ladrão. Eles conseguiram pegá-lo três quadras para a frente. No dia seguinte, descobrimos que meu marido tinha quebrado o dedão. Logo depois, recuperamos a bicicleta.

Essa é uma alegoria para a paternidade enquanto casal: o criminoso são seus filhos e a bicicleta é o seu relacionamento. No calor do momento, depois de todo o esforço que você faz e da dignidade que você perde no caminho, muitas vezes vai parecer que o amor que você sentia pelo seu parceiro fugiu de você. Mas, com persistência e um pouco de ajuda – além de alguns gritos e ossos quebrados –, você consegue recuperá-lo.

CAPÍTULO 5

FAZENDO SEXO

Esses dias, meu marido não conseguia dormir. Ele é um dormi-nhoco abençoado – ele consegue dormir no assento do meio do avião, no chão torto em um acampamento, no meio de uma conversa sobre as crianças – ele consegue atingir o sono profundo em quase todas as situações. Então eu sabia que tinha algo de errado. E eu sabia que ele teria um dia cheio no trabalho. "Tem alguma coisa que eu possa fazer?" Eu perguntei meio grogue, para ser gentil. Ele sugeriu sexo. Eram três da manhã. Eu estava sonolenta. Eu não estava no clima. Ao contrário dele, eu acho que sexo me deixa mais acordada. Mas as oportunidades de satisfazer o parceiro sem ter que sair da cama não surgem todo dia. Além disso, pessoas que passam a noite em claro não são tão simpáticas quanto as que têm uma boa noite de sono. Então nós seguimos em frente, e eu percebi com certa satisfação que, pouco tempo depois, ele apagou. (Para deixar claro, ele dormiu depois, não durante o sexo. Obrigada.)

Eu sei que essa não é uma cena de sexo que os autores de romances vão roubar para usar no próximo livro. Ninguém que trabalha na indústria pornográfica vai marcar essa página e sair correndo para buscar um marca-texto. Esse episódio em particular mostrou o tipo de laço carinhoso, tranquilo e despreocupado que duas pessoas que se amam há muito tempo podem ter, mas não é o tipo de sexo que admiramos – o tipo que colocamos em filmes ou descrevemos em músicas ou desejamos enquanto cultura. Eu estou falando disso não (só) para exibir minhas habilidades incríveis na cama, mas pelo que dizem sobre a vida sexual de casais que estão juntos há muito tempo. Nós fazemos amor por vários motivos diferentes, incluindo o desejo. Essa realidade é tão bonita quanto assustadora, porque colide com tudo que aprendemos sobre sexo.

Fazer amor com o parceiro é aquela coisa rara: você pode fazer de graça, sem culpa, sem exigências, em menos de uma hora, em casa, sem poluir a atmosfera, sem explorar ninguém, sem engordar, e que ainda assim pode arrepiar seu corpo inteiro e causar euforia. É até incrível pensar que existe uma atividade assim. É um presente extraordinário da natureza. Não teve nenhuma experiência em que eu senti um descontrole tão gostoso do que fazendo sexo com meu marido. E, ainda assim, apesar de toda a diversão, o sexo ainda é uma das principais fontes de dor, constrangimento e confusão entre os casais. A cama do casal pode facilmente se tornar um símbolo de desespero, auto-aversão e amargura.

A "Kelly",* por exemplo. É uma mãe de 50 e poucos anos de Missouri, que desde 2015 não tenta fazer sexo com o marido, com quem é casada há vinte anos. Depois de treze ou catorze anos de casamento, ela diz, o marido simplesmente perdeu o interesse. Ele tinha dificuldade em se excitar e o remédio quase nunca funcionava. Por fim, depois de uma rejeição do marido, que deu um tapa na mão dela para afastá-la, ela sentiu que algo dentro dela havia morrido. "Eu tive uma avalanche de

---

* Para deixar claro, a Kelly é uma pessoa real, com filhos e família. Essa é a versão dela da história. Por motivos óbvios, eu não confirmei a história com o marido dela. Respeitei a solicitação dela de permanecer no anonimato.

sentimentos, me senti profundamente alienada e abandonada", ela disse. "Fiz o possível para que ele não reparasse, fui ao banheiro e abafei o choro com uma toalha." Quando seus filhos saírem de casa, Kelly acha que eles vão se divorciar. No meio-tempo, eles têm amantes, então claramente o problema dele não é físico. "Nenhum de nós está disposto a jogar nossos filhos aos lobos só porque não conseguimos consertar nossa vida sexual."

Em nenhuma outra atividade nossos corpos e nossas emoções estão tão emaranhados quanto no momento em que fazemos amor. Bom, talvez quando saltamos de paraquedas, mas em nenhuma atividade que quase todos praticamos regularmente. E, ainda assim, mesmo sabendo, por exemplo, que nem todas as nossas refeições serão banquetes incríveis, muitas vezes entramos no casamento achando que todas as nossas relações sexuais serão maravilhosas pelo resto de nossa existência. E, quando não são, entramos em pânico. Quase ninguém troca o parceiro por alguém que cozinha melhor. Mas as pessoas trocam o tempo todo de parceiro por causa de sexo. Mesmo amando o parceiro e amando estarem casadas com ele, as pessoas o abandonam ou traem, por novas aventuras sexuais. O sexo tem um poder assustador.

A crise do desejo

A satisfação na cama é uma das principais formas que a maioria das pessoas, como a Kelly, encontra para medir a saúde de casamentos.[128] Ainda assim, muitos casais não transam tanto quanto gostariam. O termo "casamento sem sexo" define uma união em que o casal não faz sexo com tanta frequência: algumas fontes dizem que isso significa que as pessoas transam menos de dez vezes por ano, e outras definem como menos de uma vez por ano. Como as pessoas tendem a não falar a verdade sobre suas atividades íntimas, é pouco provável que as pesquisas sejam muito precisas, mas elas estimam que entre 2% e 10% dos casamentos não têm sexo. De acordo com uma análise nos Estados Unidos, aproximadamente 25% dos casais acreditavam que seu casamento sem sexo tinha começado após dois anos de casados, quando eles ainda estariam tecnicamente na parte fácil.[129] Talvez mais revelador, a falta de sexo é o problema conjugal mais abordado nos computadores. Em 2015, havia dezesseis vezes mais buscas no Google sobre um cônjuge que não queria fazer sexo do que sobre um cônjuge que não queria conversar.[130]

Nesta era de métodos anticoncepcionais eficazes e Viagra, e com a crescente aceitação de uma variedade mais ampla de uniões e atos sexuais, poderíamos pensar que os casais hoje fazem mais sexo do que nunca. Mas um estudo[131] de 2017 nos Estados Unidos revelou que o sexo está em declínio em todo o país. Usando os dados da Pesquisa Social Geral (GSS, na sigla em inglês) conduzida pelo Centro Nacional de Pesquisa de Opinião (NORC) da Universidade de Chicago, que entrevista desde 1989 milhares de pessoas sobre a vida sexual delas, o pesquisador Jean Twenge calculou que, de 2010 a 2014, os norte-americanos faziam sexo cerca de nove vezes menos do que no período de 1995 a 1999. De acordo com números ainda mais recentes, que Tom Smith, diretor da GSS, calculou o número de pessoas que fazem sexo pelo menos uma vez na semana caiu de 45% em 2000 para 36,2% em 2016. E as pessoas casadas tiveram a maior queda nesse período: 51,8% faziam sexo pelo menos uma vez por semana em 2000, mas, em 2016, eram apenas 37,5%.[132] (Apesar disso, todos os estudos chegaram à mesma conclusão: em média, pessoas casadas ou que moram juntas fazem mais sexo do que pessoas solteiras. Isso foi uma surpresa para quase todas as pessoas casadas que eu conheço – os solteiros já desconfiavam.)

O que está acontecendo? Por que as pessoas não querem fazer sexo com alguém que elas amam, que está bem ali na cama, do lado delas, que teoricamente tem vontade e desejos sexuais que elas conhecem bem? A psicóloga Esther Perel estudou durante anos o "sexo no cativeiro", como ela chama, no seu best-seller homônimo de 2007. Ela viajou para vinte países para falar com as pessoas sobre desejo e descobriu que, quando as pessoas se casavam por amor, existia uma "crise do desejo". De onde ela surgiu? Da natureza conflitante de ter e querer. Nos casamentos e relacionamentos sérios, valorizamos a dependência, a segurança, a proximidade e a habilidade de ser autênticos e ainda assim não estar sozinhos. Mas essas coisas não são excitantes. Não há nada de excitante em ser confiável.

O trabalho de Perel segue os passos do psicanalista Stephen A. Mitchell, que viu muitos relacionamentos que acabaram por terem oferecido tanta segurança que a paixão do casal diminuiu. "Em sua forma mais pura, o desejo não é uma coisa bonita", ele escreveu em seu livro *Can Love Last?* [O amor pode durar?]. "E é difícil de reconciliar com outras características do amor romântico, como respeito e admiração." Bill Gates, por exemplo, tem muitas qualidades admiráveis, mas nenhuma delas o coloca em risco de ser eleito o homem mais sexy do mundo pela revista *People*.

Para muitos, por outro lado, o problema não causa admiração, mas o oposto: como as pessoas podem se apaixonar por alguém de quem elas nem sempre gostam? A mesma esposa que não depila as pernas há uma semana. O mesmo esposo que sempre faz aquele barulho irritante de pigarro. O mesmo que te jogou para os leões em um jantar. Como manter a chama acesa? Como continuar desejando a pessoa que está sempre por perto?

O desejo, apesar de um pouco inconveniente, costuma ser causado por algo que não temos: o novo, o desconhecido e, em alguns casos, o proibido. Assim como quem já viu um adolescente encarar a geladeira pela quarta vez em vinte minutos pode dizer, ninguém quer aquilo que está disponível. Existe um motivo pelo qual parceiros sexuais extraconjugais são muitas vezes referidos como estranhos, usado como substantivo – como em: "Toda vez que começo a pensar na minha idade, ou que estou mais perto da morte, começo a pensar em pegar algum estranho".[133] A palavra "vontade" sugere que você quer algo que não tem. Os psicólogos chamam isso de "paradoxo da diferenciação conjugal": por um lado, desejamos sexo porque queremos intimidade, mas altos níveis de intimidade podem inibir o desejo, em vez de aumentá-lo.

Atualmente, quase todos nós vamos viver mais que nossos pais e avós. E vamos ser fisicamente mais saudáveis e, portanto, capazes de transar por mais tempo. A atração física que sentíamos por nossos parceiros no início do relacionamento terá que durar muito mais tempo. E nossas expectativas em relação à nossa vida sexual são maiores que as de nossos ancestrais. "Esta é a primeira vez na história da humanidade em que tentamos experimentar a sexualidade no longo prazo, não porque queremos catorze filhos... Nem porque é um dever conjugal exclusivamente feminino", Perel nota.[134] "Com o tempo, queremos que o sexo envolva prazer e conexão." Claro, essa é uma perspectiva feminina: os homens anseiam por uma vida inteira de sexo ardente desde que o sexo existe. Mas eles tinham uma vida curta – e não existia Viagra.

É inevitável: qualquer atividade que seja repetida vai perder um pouco da emoção, já que o cérebro se acostuma com ela. Esse é um mecanismo útil do cérebro que nos permite construir memórias e saber o que esperar em certas situações para adquirir habilidades para lidar com elas. É importante reconhecer que essa é uma característica da biologia humana, não uma falha. Madeleine castellanos explica bem em seu livro *Wanting to Want* [Ter vontade de querer]: "No começo de um relacionamento, seu cérebro é recompensado por prestar atenção aos mínimos detalhes de uma pessoa, e o desejo sexual aumenta com a novidade e a descoberta. Mas o seu cérebro sempre trabalha para ser eficiente, por isso ele dá menos atenção para a mesma pessoa com o tempo, já que ele não tem muitas informações novas para assimilar nessa interação. Não culpe seu cérebro por isso, é o que ajuda você a aprender e interagir no mundo".

Nosso desejo decadente também nos ajuda a guiar nossas energias. (E não só em humanos. Peixes machos da espécie barrigudinho, com acesso ilimitado a uma variedade de fêmeas de sua espécie, traçam o máximo de peixinhos fêmea que podem. Mesmo isso tem um preço: eles não crescem tanto quanto os machos barrigudinhos monogâmicos, talvez porque estejam ocupados demais com as fêmeas para pensar em encher a barriga.)[135] Nem sempre há algo de errado com o seu sistema ou com o do seu parceiro só porque a vontade de vocês por sexo diminui com o tempo. A novidade não dura muito. A visão do seu parceiro pelado ou uma expressão urgente de paixão não nos anima tanto quanto antes. Nosso tanque de desejo, que antes transbordava, agora está na reserva.

Enchendo o tanque

Então o que um casal que se ama deve fazer quando o desejo físico não surge o tempo todo? Existem várias pesquisas sobre o que impede a libido – palavra latina que o Freud reintroduziu porque "luxúria" tinha uma má reputação –, mas não existem muitas respostas claras. "Nem sabemos ao certo o que é o desejo, e sabemos menos ainda como as atividades de diferentes partes do cérebro se combinam para produzi-lo", disse Barry Komisaruk, prestigiado professor de psicologia da Universidade

Rutgers, para a BBC. "Ninguém consegue fazer essa engenharia reversa ainda." Assim como o número de potes de plástico que você tem na cozinha, o desejo vai aumentar e diminuir de acordo com condições que não entendemos por completo. Às vezes, temos tantos potes e recipientes aleatórios que mal conseguimos fechar a porta do armário. Outras vezes, você não tem quase nenhum.

Ian Kerner, psicólogo e autor do best-seller sobre sexo *As mulheres primeiro*, compara o desejo com o mercado de ações, respondendo a uma miríade de influências. "Tem altos e baixos e é bastante dinâmico", ele me disse. "Existem inúmeros fatores que trabalham juntos; quase nunca tem um problema a ser resolvido." Para cada casal que acaba no seu divã, ele precisa descobrir quais problemas biológicos, psicológicos e sociais estão em jogo. "O desejo", diz ele, "é determinado de várias maneiras".

Mas, quando você fica sem potes de plástico, é uma boa ideia olhar na geladeira para conferir quais itens velhos e podres podem estar entre você e o acesso aos seus queridos potes. O que você precisa jogar fora para abrir espaço na sua vida e poder fazer um pouco de amor? Emily Nagoski, autora do best-seller *A revolução do prazer*, aponta que, às vezes, desligar as coisas que inibem a nossa sexualidade é mais fácil que tentar incrementar as coisas que nos excitam.

O desejo, segundo a teoria, é um sistema duplo: existem aceleradores e freios. Os aceleradores são qualquer fenômeno que estimule o sexo: a energia de um relacionamento novo, o rosto ou corpo do seu parceiro, a excitação do encontro com alguém que esteve longe, uma respiração quente na sua orelha, um pôr do sol bonito. Os freios são as coisas que sugerem que o sexo seria uma má ideia. Eles são uma legião e podem ser físicos, emocionais ou relacionais e muitas vezes não chegam ao nível do pensamento consciente. Em um relacionamento monogâmico de longo prazo, os aceleradores começam a ter menos força. E os pedais de freio começam a ficar bem sensíveis.

Então como afrouxá-los? Existem vários fatores físicos conhecidos por reduzirem o desejo sexual. As pesquisas provam, mas talvez você não precise de estudos para descobrir quais são: excesso de álcool, maconha e falta de exercício podem acabar com seu aproveitamento sexual e diminuir sua libido. A obesidade também. Existem obstáculos psicológicos também: depressão e tesão são quase mutuamente excludentes, mas, infelizmente, isso também costuma ser verdade com antidepressivos. O estresse diminui bastante a paixão, assim como a mágoa, a baixa autoestima e o conflito interpessoal. O medo, tanto para a saúde física quanto emocional, normalmente acaba com o desejo. Eu moro em um apartamento em Nova York. Não tem privacidade. Já foi comprovado que esse é um freio bastante eficaz.

Nagoski critica bastante a imagem do corpo como um monstro. "Seu corpo é a única coisa que está com você todos os dias de sua vida, do nascimento até a morte", ela diz. "Você pode sofrer e odiá-lo e ter raiva dele. Ou você pode aceitá-lo e amá-lo e tratá-lo com compaixão e bondade." São poucas as pessoas acima de 4 anos que gostam de seu corpo – ou da ideia de serem vistas – sem roupa. Ainda assim, David Frederick, professor associado de psicologia na Universidade Chapman em Orange, na Califórnia, que estudou a imagem corporal por anos, diz que esse medo é mal orientado. "A maior parte das pessoas está satisfeita com a aparência do parceiro", ele contou para o jornal *Los Angeles Times*.[136] "As pessoas são mais críticas do próprio corpo que do corpo de seu parceiro." Terapeutas dizem que, infelizmente, o medo de estar com o corpo fora dos padrões também é bem comum, mesmo entre pessoas casadas. Entretanto, com o corpo que você tem, é provável que esteja pronto para a ação. Por exemplo, o clitóris, único órgão do corpo humano que aparentemente existe apenas para dar prazer à sua dona, tem uma média de 8 mil terminações nervosas e pode ter entre 0,5 e 3,5 milímetros de comprimento. Isso é uma diferença de sete vezes no tamanho. (Se você não sabe onde fica o clitóris, largue este livro e pesquise no Google. Agora. Pode me agradecer depois.) Por outro lado, posso garantir que ninguém tem o pênis sete vezes maior do que o seu. Não existe um tamanho ou formato padrão para a genitália, apesar do que a pornografia sugere.

Eu sempre suspeitei, por exemplo, de que eu era meio ruim de cama. Eu achava que meu marido tinha se casado comigo por causa da minha simpatia, do meu bom humor e do meu dinheiro. Também imaginava que ele era mais calmo, mais bonito e mais habilidoso na cama do que eu. Por isso, mesmo com vinte e cinco anos de casados, eu sempre fico um pouco nervosa durante o sexo, como se me pedissem para jogar tênis em dupla com o John McEnroe. (Eu meio que fico esperando ele dizer "Você só pode estar de brincadeira!") E minha autoconfiança corporal não aumentou com a idade e a gravidade. Então eu sei como é difícil aceitar que é quase impossível que seu parceiro tenha nojo de você. Mesmo assim, meu corpo é o atributo que meu marido mais elogia.* "Quando você vai ao fundo", Leonore Tiefer, terapeuta sexual e educadora de Nova York me disse, "os elementos básicos do desejo sexual são relacionados a sentir conforto com a nudez e com o toque, cheirar coisas e estar acompanhado em um espaço constrangedor".

Outro problema sufocante que os terapeutas observaram foi a mágoa. Em casas modernas, a mágoa é muitas vezes causada pela divisão do trabalho. Acredite ou não, existem várias pesquisas que tentam fazer a conexão entre o desejo e as tarefas

---

* Uma vez, escrevi um artigo sobre a dor de estar casada com alguém considerado muito bonito (é um "casamento interfacial") e alguns programas de televisão nos convidaram para falar do assunto. Meu marido não aceitou, porque, segundo ele, o artigo era pura ficção. Meu marido não é nada bobo.

domésticas, além de uma quantidade considerável de disputas acadêmicas. Um estudo[137] com dados do começo da década de 1990 revelou que casais com tarefas tradicionais de gênero – o homem trabalhador, a mulher dona de casa – faziam sexo com mais frequência. Pesquisadores sugeriram que, quando as pessoas se comportavam como o outro gênero, havia menos carga sexual entre elas; elas eram parecidas demais para sentir atração uma pela outra. Mas isso foi desmentido por estudos mais recentes,[138] que demonstraram exatamente o oposto: casais que dividem as atividades domésticas por igual fazem sexo com mais frequência. Esses pesquisadores sugeriram que, com uma divisão justa de tarefas, havia menos mágoa entre o casal, e a felicidade conjugal crescia e resultava em mais felicidade sexual.

Curiosamente, um pesquisador conjugal[139] descobriu que, entre as mulheres, a obrigação de sempre lavar a louça tinha uma grande relação com a infelicidade sexual. Daniel Carlson, professor assistente dos estudos da família e do consumidor da Universidade de Utah, especula que o problema talvez não esteja no detergente. É a percepção de que elas estão sendo tratadas injustamente. "Desde 2006, lavar a louça tem sido a tarefa menos propensa a ser feita apenas por mulheres", ele diz. "Se uma mulher olha em volta e percebe que outros maridos e parceiros estão lavando a louça, e em casa ela é a única que faz isso, ela muda sua percepção da situação." Ele acredita que a questão não é o esforço da mulher, mas o fato de que seu relacionamento não parece justo. (A propósito, esse mesmo estudo revelou que a atividade doméstica mais sexy é fazer compras. Não porque os mercados são loucamente eróticos, mas porque é a tarefa mais comum de se fazer a dois. Além disso, tira as pessoas de casa e as leva para algum lugar menos conhecido.)

Alguns terapeutas sugeriram que nossa vida profissional também pode ser brutal para a nossa vida sexual por causa do estresse que levamos para a casa. Pesquisas[140] sugerem que mesmo a ideia de que o parceiro estaria usando o e-mail corporativo em casa era prejudicial para a felicidade doméstica. Por esse motivo, é provavelmente uma má ideia levar aparelhos para a cama (brinquedos sexuais não estão incluídos). Ler e-mails logo antes de dormir ou planejar a reunião do dia seguinte quebram o clima. Ficar no Facebook ou no Instagram também. E assistir a programas diferentes em telas diferentes, deitados um ao lado do outro, é pré-soneca, e não preliminares.

Um documento do Escritório Nacional de Pesquisas em Economia[141] analisou dados de 4 milhões de pessoas em oitenta países de baixa renda e descobriu que o fato de ter uma televisão estava associado a uma queda de 6% na probabilidade de o casal fazer sexo na semana seguinte. E, curiosamente, a diminuição do número de relações sexuais de pessoas casadas já discutida neste capítulo começou por volta do ano 2000, quando a banda larga estava presente na maior parte das casas. "A recomendação número 1 de todo terapeuta sexual é manter a tecnologia fora do quarto", diz a pesquisadora sexual canadense Lori Brotto (vários pesquisadores sexuais são canadenses). "O quarto deveria ser preservado apenas para duas coisas, e mais nada." Quando seu foco no quarto está na televisão, não tem como ele estar no seu parceiro também. E, se seu parceiro está tentando conseguir sua atenção, é frustrante ser trocado por um pedaço de vidro e seus componentes eletrônicos. A frustração e o tesão anulam um ao outro.

Claro, os obstáculos emocionais e físicos para o sexo estão relacionados. Pessoas obesas têm piores imagens corporais. Os parceiros de pessoas que bebem muito geralmente sentem mágoa. Pessoas sob muito estresse têm dificuldade de se excitar. Um grande exemplo disso é o sono. Um estudo de 2017 revelou que mulheres mais velhas que dormiam menos de sete ou oito horas por noite também tinham menos chances de fazer sexo com o parceiro e afirmavam ter menos satisfação sexual.[142] Um estudo anterior descobriu que mulheres com uma melhor média de sono afirmaram ter "melhor excitação genital", que é um jeito fofo que os acadêmicos encontraram para dizer que elas se divertiam mais na cama quando estavam acordadas.[143]

Como você ajuda seu parceiro a dormir melhor – quer dizer, fora os métodos que eu mencionei no começo deste capítulo? Casais que conversam sobre o dia a dia com interesse recíproco conseguem adormecer mais rápido e ter um sono mais profundo. Não é difícil entender por que o fato de desabafar com um bom ouvinte pode ajudar a dormir, mas, em um experimento com casais de militares,[144] falar sobre as coisas boas também ajudava. Não é só deixar o parceiro tagarelar enquanto você pensa se o carro precisa de manutenção, ou se é a sua vez de levar os lanches para o futebol, ou se o cachorro sempre cheirou tão mal. É ouvir. Estudos revelaram que, mais importante do que poder falar, era saber que o outro estava ouvindo. As pessoas dormiam melhor quando sentiam que o parceiro prestava atenção a elas. Estudos[145] mostraram que, mesmo sem dormir, as pessoas – em especial as mulheres – são mais propensas a entrar no clima quando seu parceiro escuta e presta atenção, para que elas se sintam conectadas.

A propósito, um dos assuntos que vocês podem conversar é sexo.

O medo de falar sobre sexo

Quando nós nos casamos, eu e meu marido fomos obrigados pelas leis de Nova Gales do Sul, na Austrália, a fazer terapia pré-nupcial. Diferente de muita educação obrigatória, essa introdução acabou me surpreendendo pela sinceridade. Nosso terapeuta era um pastor da igreja e também pai de um amigo nosso. Então, quando ele disse que uma das partes mais difíceis do casamento era articular com o parceiro quais são seus gostos e necessidades na cama, nós três desviamos o olhar para o primeiro objeto fascinante ao nosso redor, pensando em mudar de assunto. Mas ele tinha razão. Quase todos os nomes que nós damos para as atividades sexuais e partes do corpo também são palavrões ou insultos para motoristas com habilidades que nós não respeitamos. A língua da intimidade não é muito bonita; pode ser objetiva, pode ser obscena, pode ser engraçada, mas raramente é poética. É por isso que há tantas cenas de sexo abomináveis nos livros. (Eu falo isso como uma mulher que foi profissionalmente obrigada a ler *Cinquenta tons de cinza*. Duas vezes.)

Apesar de tudo, pesquisadores sexuais descobriram que as pessoas que falam mais sobre fazer sexo transam mais e melhor. William H. Masters e Virginia E. Johnson, que fizeram pela pesquisa sobre sexo o mesmo que Ben e Jerry fizeram pelo sorvete em potinhos, já insistiam nisso na década de 1960. Em seu livro pioneiro *A conduta sexual humana* – resultado do monitoramento de mais de 10 mil encontros sexuais no laboratório deles em Saint Louis, no Missouri –, eles exaltam as virtudes de ser direto com o parceiro sobre o que nos excita. Eles lamentaram a persistente negligência à comunicação aberta e a "falta de curiosidade intelectual potencialmente autodestrutiva sobre o parceiro".[146]

Eles também perceberam que, em termos de orgasmo, os casais homossexuais observados eram mais eficientes do que os casais heterossexuais. Essa descoberta é meio boba, já que as pessoas geralmente sabem manusear um equipamento melhor quando elas têm um equipamento bem parecido em casa. Então eles observaram que os homens gays agiam de forma mais agressiva uns com os outros, porque era disso que os homens gostavam, e as lésbicas eram mais gentis e se moviam mais devagar, porque era disso que as mulheres gostavam. No entanto – e Mary Roach fala disso muito bem na sua incrível história de estudos científicos sobre sexo, com o título chamativo *Bonk* [Sexo] –, "Masters e Johnson notaram outra diferença impressionante entre os casais heterossexuais e homossexuais: os casais gays conversam com muito mais facilidade, frequência e liberdade sobre o que gostaram e o que não gostaram".[147]

Sim, as coisas mudaram desde os anos 1960, mas nem tanto. Um estudo realizado em 2012 na região centro-oeste dos Estados Unidos[148] com quase trezentas pessoas casadas analisou o nível de conversas honestas sobre sexo e a satisfação e a proximidade conjugal dos entrevistados. Os resultados mostraram que as pessoas que utilizavam mais termos sexuais, especialmente gírias, eram mais próximas e mais satisfeitas. E, curiosamente, os resultados foram particularmente fortes para mulheres. Como a direção não ficou clara – a conversa honesta causa a felicidade ou a felicidade permite a conversa honesta? –, houve uma sequência do estudo em 2014 no *Journal of Sex and Marital Therapy* [Jornal de sexo e terapia conjugal], que entrevistou 293 cônjuges felizes para analisar seus hábitos de conversar sobre sexo. E, claro, os entrevistados afirmaram que conversar com o parceiro sobre o que eles preferiam na cama resultava em mais satisfação e proximidade no relacionamento. Um fato curioso é que a maior parte das coisas que os cônjuges falaram uns para os outros eram estimulantes e instrutivas.[149] Mais uma vez, será que precisamos mesmo de estudos[150] demonstrando que as pessoas que conversam sobre sexo transam melhor? Não, mas, assim como aquela placa no banheiro que diz que devemos lavar as mãos quando terminar, às vezes o óbvio precisa ser dito.

O pastor que falou comigo e com o meu futuro marido tinha razão; discutir sexo com o parceiro não é tão fácil quanto parece. Por exemplo, quando devemos ter essa conversa? Não com as crianças por perto. Não durante o ato, para não acabar com o clima. No mercado, também não. "Você prefere qual marca de leite? Falando nisso, você gosta quando eu aperto os seus mamilos? Ah, a gente precisa de manteiga?"

Mesmo se o casal encontrar um momento a sós que seja adequado, muitos ficam nervosos e tentam dar um jeito de dizer qualquer coisa. Lonnie Barbach, renomada psicóloga clínica e autora do livro *For Yourself: The Fulfillment of Female Sexuality* [Para você: a satisfação da sexualidade feminina], disse que a frase mais importante da língua inglesa é "Um pouquinho mais para a direita, por favor", mas essa instrução é muito mais fácil em um relacionamento em que o sexo é um assunto normal, e isso muitas vezes não acontece. "Existe uma grande quantidade de mentiras quando se trata da comunicação sobre sexo", diz Leonore Tiefer. "As pessoas têm vergonha e medo de serem ruins, fracas e defeituosas, por causa da cultura e da época em que vivemos. Todo mundo leva para o lado pessoal: 'Eu estou gorda demais e não sei o que estou fazendo, e eu deveria pensar nisso?'".

Kerner, terapeuta sexual de Nova York, gosta de fazer os casais superarem esse nervosismo ao fazê-los descrever em detalhes seu último episódio sexual. "Se um casal chegou até aqui, eles não podem escolher se vão falar sobre sexo ou não", ele diz. "Eu faço várias perguntas para que eles possam descrever seu último evento sexual como um replay em câmera lenta – onde aconteceu, quando aconteceu, como começou, como eles expressaram o desejo, como ficaram excitados, e as ações deles." A análise pós-jogo, como ele diz, é bastante útil para ele por dois motivos: é bastante diagnóstica, já que ele pode ver como funciona a dinâmica do casal. E quebra o gelo sexual. "Eu peço que eles usem uma linguagem sexual e íntima. Parte do poder de falar sobre sexo – não é como falar sobre dinheiro ou sobre imóveis – é que a própria linguagem pode ser excitante. Quero que eles fiquem confortáveis com a poesia do sexo e a linguagem do sexo."

Uma forma de se acostumar com a "poesia e a linguagem do sexo" sem cair nas ervas daninhas da análise detalhada do pós-jogo é simplesmente pedir ao parceiro que descreva uma fantasia sexual. Se ele ou ela pudesse fazer qualquer coisa ou receber qualquer coisa, o que seria? Isso não quer dizer que vocês vão ter que sair correndo e colocar em prática. É apenas uma forma segura de você e seu parceiro conseguirem entrar na mente um do outro e se acostumar a falar sobre sexo. "Basta compartilhar um material temático erótico bem intenso, algo da sua personalidade sexual", sugere Kerner. "De verdade, acho que esse é o segredo para estar em um relacionamento de longo prazo e poder colher os benefícios e ainda trazer algo que é único e diferente e tabu e fetichista e imprevisível e romântico."

O tema aqui parece ser a vulnerabilidade. É preciso ter coragem para deixar o parceiro ver nosso interior obscuro e nossos pensamentos subterrâneos. Queremos ser admirados, e nossas fantasias podem não parecer muito nobres. "Às vezes, no sexo, acho excitante quando as pessoas dizem: 'Que se dane, é isso que eu quero, faça isso comigo'. Porque elas não ligam, não têm nada a perder", diz outra terapeuta sexual, Laurie Watson, que tem um podcast semanal chamado *Foreplay* [Preliminares]. "Mas. com o parceiro, elas têm medo de que, se disserem: 'Faça isso comigo', o parceiro as chame de pervertidas ou as despreze por essa fantasia ou ideia. Tem mais em jogo, porque estamos conectados, vamos acordar ao lado daquela pessoa de manhã."

Cada um quer uma coisa

Em geral, homens querem mais sexo do que mulheres. Isso não é novidade. Enquanto alguns pesquisadores sugerem que, na verdade, a variação pode ser maior em pessoas do mesmo gênero do que entre os gêneros, xxs e xys com certeza abordam o assunto de maneiras diferentes. Os dados são bem consistentes; vários estudos mostraram o que nós já havíamos concluído: os homens pagam por sexo, as mulheres quase nunca pagam.[151] Quando um relacionamento fica sério, os homens querem sexo mais cedo que as mulheres.[152] Os homens pensam mais em sexo do que as mulheres.[153] A atitude dos homens em relação ao sexo casual é mais liberal do que a das mulheres.[154] Casais de dois homens fazem mais sexo do que casais de duas mulheres.[155]

Para os homens, o sexo é, antes de tudo, algo físico; para as mulheres, é uma forma de se conectar. Biólogos evolucionários podem explicar desta forma: as mulheres buscam conexão porque nascem com um número limitado de óvulos e precisam garantir que os óvulos que forem fertilizados sobrevivam, então precisam de alguém que se comprometa e invista neles. Os homens produzem esperma novo o tempo todo, então eles querem liberar o máximo possível; quanto mais sementes você planta, maiores as chances de uma árvore crescer. Por outro lado, neurologistas poderiam afirmar que, durante o orgasmo, o cérebro dos homens não libera tanta ocitocina, conhecida como "hormônio do amor", em comparação com o cérebro das mulheres, então o sexo para eles continua mais corporal do que uma experiência de relacionamento.[156] O cérebro masculino é mais influenciado pela dopamina, o neurotransmissor conectado com a antecipação de prazer. E os terapeutas podem falar da forma como Laurie Watson falou para mim: "Para ela, o sexo é consequência do calor do relacionamento. Para ele, é o sexo que provoca o calor. É o que mantém o homem feliz, é o que o faz sentir-se conectado e amado. Ela precisa conversar e se sentir próxima dele antes de transar, e ele precisa transar para se sentir vulnerável e disposto a se abrir".

Pois é. Isso vai causar tensão, né? Vamos acrescentar a essas discrepâncias o fato de que a libido das mulheres diminui por um tempo depois que elas têm filhos. E diminui ainda mais durante a menopausa.[157] O desejo sexual dos homens continua mais intenso, e, mesmo sem conseguir entrar em ação com tanto vigor após os 40 anos, eles podem usar remédios para se garantir em seus anos decadentes.

O resultado, em seu sentido mais amplo: homens querem mais sexo. Mulheres querem mais intimidade. Com o passar do tempo, os casais fizeram várias adaptações em sua parceria para administrar essa discrepância de desejo, ou foram forçados a aceitá-las: concubinas, amantes, casamentos abertos, poliamorosos ou outros nomes para o que os pensadores atuais definem como "a outra". Mas nada disso fez sucesso. A maioria dos casais não sobrevive a um caso. Casamentos abertos ainda são, em geral, uma curiosidade.

Claro, você pode ter uma discrepância de desejo com o seu parceiro, qualquer que seja o seu gênero. "Eu nunca sinto vontade de transar", escreveu "Hazel McClay" em uma antologia recente sobre mulheres.[158] "Então, se eu nunca mais pudesse transar, acho que não sentiria falta. Se eu nunca mais pudesse comer brownie, aí sim eu iria me incomodar." Do outro lado está Renee.* Ela me contou que colocou uma roupa diferente, falou diferente, usou espartilho, prometeu nunca mais usar espartilho, saiu de vendas para um emprego menos estressante, fez terapia, levou o marido para a terapia e sugeriu umas mil fantasias sexuais, tentando fazer com que ele transasse mais com ela. "Ele tinha essa convicção de que as mulheres sentiam que o sexo era uma necessidade", ela disse, "e, na opinião dele, não era". Eles se divorciaram.

Uma ajuda boa para navegar em uma turbulência de libido pode ser entender as diferenças entre desejo espontâneo e desejo

---

* Uma pessoa real, que, por ter filhos, pediu que eu usasse um de seus nomes do meio.

responsivo.[159] Eu gosto de explicar essa diferença com a piada favorita do meu pai: uma igreja decide ter uma temporada de abstinência. Ninguém pode fazer amor por um mês. Um dia, com a congregação reunida para contar as histórias, um marido recém-casado confessou que acabou pisando na bola. "Minha esposa se abaixou para pegar uma lata de tinta e eu a peguei ali mesmo", ele diz. O pastor responde: "Vocês não são mais bem--vindos nesta igreja". E então o marido fala: "É, também não somos mais bem-vindos na loja de ferramentas".

Esse impulso na loja de ferramentas, esses desejos que aparecem do nada entre as latas de tinta azul precioso e aurora boreal, são desejos espontâneos. São os que sempre vemos em filmes, lemos em romances, e ouvimos em músicas. Existe uma sequência de eventos nesses encontros. O desejo, seguido pela excitação, seguido pelo orgasmo. Mas existe outro caminho; alguns desejos tomam forma quando você começa a pintar, quando você não sabe bem se gostou da cor até ela estar nas paredes e você perceber como ficou incrível. Esse é o desejo responsivo: chega depois que a festa já começou. A pesquisadora canadense (pois é), Rosemary Basson, codificou esse modelo depois de perceber que até 30% das mulheres achavam que seu apetite sexual era estranhamente baixo. "Em vez de concluir que um terço das mulheres tem um 'distúrbio'", ela escreveu, "os motivos para essa percepção aparentemente comum de não atender a algum padrão sexual devem ser investigados".[160]

O desejo sexual não precisa ser linear, pode ser mais bem representado por círculos sobrepostos, sugere Basson. Uma mulher, por exemplo, pode decidir fazer sexo com o marido por vários motivos – procriação, afeto, tédio ou... talvez até para ajudá-lo a dormir. (Universitários texanos reuniram 237 motivos diferentes para justificar por que eles ou seus amigos tinham feito sexo.)[161] Em vários momentos depois de tomar a decisão consciente, ela pode começar a sentir o barulhinho das chaves do desejo, mesmo depois da excitação. Homens e mulheres podem experimentar ambos os ciclos sexuais, mas, normalmente, os homens sentem mais o desejo espontâneo, enquanto as mulheres sentem mais o desejo responsivo.

Para que uma pessoa sinta desejo, o que seu órgão genital está sentindo geralmente precisa estar alinhado com o que seu cérebro está sentindo. Então, se a genitália está se sentindo estimulada, mas o cérebro está focado em outra coisa, o sexo pode não ser uma ideia tão excitante. Na verdade, pode ser bastante incômodo. E, se seu cérebro está pronto e com vontade, não significa que sua genitália vai ficar automaticamente preparada. Nagoski descreveu assim: "O comportamento do seu órgão genital nem sempre prevê sua experiência subjetiva de gostar e querer".

Alguém que deseja de maneira espontânea – vamos chamá-lo de espontão – poderia dizer, quando um casal se prepara para sair de manhã, "Quer transar hoje à noite?". E alguém que deseja de maneira responsiva – vamos chamá-lo de responsão – poderia, enquanto tenta encontrar as chaves e o celular e se preocupa com o trânsito, não se sentir muito cheio dedesejo. Isso não quer dizer que o responsão não vai fazer sexo à noite. Isso não quer dizer que o espontão não é atraente. Isso só quer dizer que o espontão não pode esperar que o responsão sinta o mesmo que ele naquele momento. "Nós somos tão narcisistas com o nosso corpo", diz Watson. "Acreditamos que o nosso corpo nos conta a verdade absoluta. E o que meu corpo me diz eu acredito que o seu esteja te dizendo." Claro, tanto homens quanto mulheres querem sentir-se desejados. Mas nem todo desejo surge ao mesmo tempo. Pessoas com parceiros responsões muitas vezes não se sentem amadas; elas querem ser desejadas. Mas, quando os responsões precisam de um pouco de espaço para limpar a mente e focar o próprio sistema sexual, não significa que eles não estejam apaixonados; seu sistema tem um cronograma diferente.

Tanto espontões quanto responsões precisam contribuir para uma vida sexual feliz. O responsão precisa entender que é ele quem está no comando – o motor do espontão está sempre funcionando; o responsão precisa fazer o veículo se mover: ele tem o controle do freio e do câmbio, e o desejo nem sempre é a melhor forma de decidir quando utilizá-los. Querer fazer algo não é o mesmo que estar disposto a fazer algo e ver o que acontece. Os responsões têm a permissão para ligar o motor sem esperar que o desejo surja, se eles quiserem. Isso não torna o sexo fraudulento.

Do seu lado, os espontões podem ajudar a criar uma atmosfera com a menor quantidade possível de inibidores sexuais. A casa está uma bagunça? As crianças estão todas em casa? Existe um problema de privacidade? Seu parceiro está se sentindo amado e desejado ou está se sentindo apenas o caminho fácil para o seu clímax? Uma coisa que os espontões não devem fazer é forçar, culpar, implorar ou até coagir seus parceiros a transar. Isso mata o desejo. "O desejo sexual duradouro surge quando as nossas experiências com o sexo nos levam a querer mais sexo", escreve Castellanos.

O sexo no relacionamento sério muitas vezes é como fazer uma caminhada. Eu sei que isso não parece nada erótico, mas acompanhe. Às vezes, em um belo dia de primavera, as árvores estão cheias e você está nas colinas de Vermont, em Sussex ou em Victoria e não vê a hora de sair para aproveitar. E então, enquanto você anda pela planície gentilmente ondulada, o sol sai de trás das nuvens e você vê os primeiros narcisos, e os pássaros começam a cantar e você chega a uma clareira, e por vários segundos, bem na sua frente, há filhotes de ursos brincando ou um pássaro-lira cantando e mostrando sua cauda e, meu Deus, é completamente incrível. Você vê coisas que nunca tinha visto. E então a fauna se afasta e você desce a colina, extremamente feliz.

E, depois tem aquelas caminhadas que são meros passos arrastados no parque local que você faz só para sair de casa. Talvez uma criança chute uma bola. Talvez você veja um cachorro. Mesmo assim, é difícil alguém voltar de uma caminhada achando que seria melhor nem ter saído. O único tipo errado de caminhada é a marcha forçada, feita sob ameaça.

Para quem sofre com a pressão do tempo e não pode fazer caminhadas lentas, mesmo uma breve caminhada tem benefícios. Estudos mostraram que a testosterona é produzida pelo carinho e também pelo sexo. Na verdade, Sari Van Anders, professora de psicologia e estudos de gênero da Universidade de Queen, em Ontário (que fica no Canadá), testou mulheres antes e depois de elas receberem carinho de seus parceiros[162] e revelou que elas tinham um aumento de testosterona maior do que logo após o sexo. "Nosso estudo aparentemente é o primeiro a relatar que mulheres saudáveis com níveis maiores de T [que é o jeito científico de chamar a testosterona] dizem ter mais orgasmos; essas descobertas levam à possibilidade de que um nível elevado de T após a atividade sexual pode levar a aumentos no desejo sexual ou na experiência do orgasmo", ela escreve.[163] O carinho, ao contrário do coito, é uma atividade pública completamente aceitável, então você pode fazer em qualquer lugar, inclusive – e especialmente – na frente dos filhos. Se você quiser se sentir mais sexy, continue tocando seu parceiro. Use qualquer desculpa para encostar sua pele na dele. Fazer massagens, dar um abraço matinal, dormir sem roupa, colocar uma mão no joelho do outro enquanto ele dirige, sempre que você sentir que um carinho será bem-vindo.

A ciência e a terapia se alinham nesse ponto, já que muitos terapeutas sugerem exercícios feitos para ajudar casais a continuar tocando um ao outro, não necessariamente de forma sexual, mas em forma de gracejos e carinhos. "O desejo vem da interação – interação física e emocional entre os dois... é a combinação de expectativa e toque",[164] afirmou Barry McCarthy, professor de psicologia da American University, em Washington, D.C., para o *Washington Post*. McCarthy, em conjunto a Michael Metz, psicólogo, terapeuta conjugal e ex-padre católico (três especialidades!), desenvolveu um modelo para representar o desejo duradouro – o modelo do sexo satisfatório –, que, apesar do nome engraçado e nada ambicioso, se tornou muito respeitado.[165]

O modelo de McCarthy tem ênfase em sair da atitude de elogiar e focar a performance sexual e entrar em uma intimidade garantida de forma mútua, em que os casais trabalham como um time para superar os desafios físicos e psicológicos de manter o desejo vivo. É uma combinação de ser realista e usar o que eles têm – ou seja, muitas carícias gentis. Com esforço, às vezes muito esforço, diz McCarthy "a maioria dos casais que estão motivados pode reconstruir o desejo sexual". Eles podem tornar-se aliados sexuais um do outro, afastando todas as forças – filhos, parentes, medo de fazer um barulho vergonhoso – que conspiram para ficar entre eles e seu amor.

A quantidade certa de sexo

É inevitável que, se um membro de um casal acha que não está transando o suficiente e o outro acha que eles estão transando até demais, vão existir inúmeras brigas. Inúmeras nos dá uma ilusão de certeza; na matemática, normalmente existe uma resposta certa. Então, todo mundo quer saber: quanto sexo deveríamos fazer? Marty Klein, terapeuta e autor, detesta isso, porque pode criar um problema onde ele não existe. "As pessoas chegam ao meu escritório e me dizem: 'Me conte com que frequência as pessoas fazem sexo,' e eu não vou fazer isso", ele diz. Se você e seu parceiro estão felizes com o número de encontros nus que vocês têm, só vão em frente e transem.

Mas, se você acha que traçar (desculpe o trocadilho) estatísticas ajuda em alguma coisa, então alguns pesquisadores canadenses (de novo) foram corajosos o suficiente para escolher uma: uma vez por semana. De acordo com um estudo de 2016,[166] casais que transam mais do que uma vez por semana não relatam estar mais felizes do que aqueles que têm, digamos, uma noite especial toda quinta-feira. Casais que transam menos de uma vez por semana, por outro lado, dizem ser menos felizes.

Esse estudo é bastante amplo. Ele foi baseado na análise dos resultados de pesquisas de mais de 30 mil americanos coletadas por mais de quarenta anos em três coortes diferentes. Mas eu te imploro: antes de abaixar este livro e encarar seu parceiro, saiba que, na verdade, qualquer estudo sobre felicidade analisa sempre a correlação, e não a causa. É possível que pessoas em relacionamentos felizes só transem uma vez por semana, mas a ordem inversa não funciona. Também é possível que as pessoas estejam contentes em fazer sexo uma vez por semana porque pensam que é isso que seus vizinhos fazem. É mais do que possível que as pessoas estejam mentindo para os pesquisadores sobre sua vida sexual.

Terapeutas reconhecem que pode parecer falso e bobo e artificial ter uma noite específica para transar. Só que, quando as coisas estão agitadas ou os filhos roubam nossas energias, ser espontâneo pode simplesmente estar fora de cogitação. "O que mais você faz na vida que tenha valor e que não seja planejado?", pergunta Lori Brotto. "Na verdade, nada. Quando você planeja o sexo e fala sobre o assunto, surgem possibilidades para fantasias e expectativas, você pode pensar de verdade nos fatores que vão tornar seu encontro sexual prazeroso." Ter um pequeno lembrete no seu calendário mental pode reduzir sua tensão de não saber se você vai fazer sexo de novo. Também pode diminuir o medo de rejeição e a confusão. Se não acontecer na data combinada, vocês podem ao menos conversar e saber o motivo. Uma alternativa, recomendada por terapeutas, é dar um sinal de que você quer fazer sexo, como colocar uma pedrinha em uma jarra ou usar uma xícara específica no café da manhã, algo que seja um segredo de vocês dois.

Apenas para mulheres – ou para quem se casou com uma mulher

A sexualidade das mulheres ainda impressiona quase todos que a estudam – ou dos que vivem com ela. Aqui estão apenas algumas das áreas cinzentas: estudos relatam vários dados diferentes sobre quantas mulheres precisam de estimulação no clitóris[167] para chegar ao clímax.[168] Meio século depois de ter sido proposta, a existência do ponto G feminino – uma zona incrivelmente erógena dentro da vagina – ainda é assunto de debate acadêmico. Assim como o propósito do orgasmo. Algumas mulheres com lesões na coluna, que deveriam impedir que qualquer sensação de seu abdome inferior chegasse ao cérebro, podem sentir estímulos na vagina[169] e ter orgasmos. As mulheres parecem não ter um período refratário (tempo de pausa); elas conseguem atingir o orgasmo diversas vezes, uma atrás da outra.

Uma equipe de neurologistas que capturou imagens do cérebro feminino durante o orgasmo descobriu que várias partes diferentes eram ativadas, incluindo a amígdala, que é envolvida em julgamento social e vigilância.[170] Mas uma equipe holandesa, usando um método levemente diferente, descobriu que havia menos fluxo sanguíneo para certas áreas do cérebro – incluindo a amígdala.[171] "No momento do orgasmo, as mulheres não têm sentimentos emocionais", disse Gert Holstege, um dos autores do estudo, em um discurso memorável em uma conferência em 2005. E a maior parte das mulheres tem o que é poeticamente chamado de "discordância cérebro-genitália", quando elas não se sentem conscientemente excitadas por alguma coisa, mas seus órgãos genitais, sim. Em um estudo,[172] mulheres assistiram a vídeos de macacos bonobos acasalando e houve fluxo de sangue para a vagina, mas elas não sentiram excitação. A única droga para o desejo sexual feminino criada até hoje, Addyi, foi um grande fracasso.

Em resumo, o desejo das mulheres é uma coisa complicada. "É uma grande decepção tanto para homens quanto para mulheres", diz Laurie Watson. "Os homens me dizem: 'Nossa, eu preciso ter todo esse trabalho para ela ficar excitada e com vontade'. E eu digo: 'Sim, porque você se casou com uma mulher'." A complexidade da sexualidade feminina não a torna inferior à masculina. É só diferente. E seguir o roteiro vendido para os humanos desde sempre – uma aventura rápida, incrível, com uma única posição e orgasmos mútuos, alcançados em três minutos ou menos – não melhora a vida sexual de ninguém. "A mulher fica olhando para si mesma, pairando sobre a cama, pensando 'Ah meu Deus, não está acontecendo nada. Acho que não é o meu dia", diz Watson.

Muitas pesquisas jornalísticas, acadêmicas e farmacêuticas se dedicam a métodos de incrementar o desejo feminino. Lori Brotto fez estudos promissores usando a atenção plena em mulheres com baixo desejo. Ela treina as mulheres para começarem a focar o próprio corpo e desligar as distrações. Sua teoria é de que isso ajuda na concordância corpo-cérebro para que as mulheres possam perceber a que estímulos seu corpo responde. "Estamos melhorando suas habilidades de perceber sensações corporais internas", ela diz, incluindo mudanças na sensibilidade da pele, na respiração, para que possam acessar seu desejo com mais perfeição. "Nós também descobrimos melhorias no humor, reduções no estresse e em distrações, e melhorias na qualidade de vida em geral."

Nós vivemos em uma cultura que manda mensagens muito confusas para as mulheres sobre sexo. Tem a mensagem "apenas mulheres gostosas têm valor", que parece contradizer a mensagem igualmente predominante "mulheres sexualmente agressivas são assustadoras", que também contradiz a mensagem "as mulheres que não querem transar são controladoras e conservadoras". No seu livro *The Sex Myth* [O mito sexual], Rachel Hills observa que, por trás de vários encontros sexuais existe um subtexto impressionante, "a crença de que o sexo [é] mais especial, mais significativo, fonte de grandes emoções e prazer mais perfeita do que qualquer outra atividade humana". Falando pela própria experiência, ela nota: "Eu sentia que eu era pouco atraente e inadequada, não só porque eu não fazia sexo. Eu me sentia assim por viver em uma cultura que me dizia que minha vida sexual era uma das qualidades que mais definiam quem eu era. O problema não era o sexo, mas a importância que eu e tantas outras pessoas damos para isso".[173]

Mas também não é fácil para os homens. Eles são incentivados a ver a parceira sexual como uma conquista, e a ver a capacidade de atrair mulheres para a cama como sinal de habilidade superior, enquanto recebem avisos de que todo ato sexual precisa de consentimento prévio. Ainda não sabemos que efeito a nossa recente consciência e vigilância em relação ao assédio sexual terá no sexo no casamento. Mas, em um mundo perfeito, poderia cultivar mais consciência do sexo como forma de comunicação, construção de intimidade e expressão, e não apenas uma atividade mutuamente benéfica geradora de orgasmos. "Nós temos um longo caminho a seguir até que as pessoas tenham noção de como é lindo o sistema de afeto com potencial excitação", diz Leonore Tiefer.

Isso nos leva a uma antiga causa de nossa ansiedade: o pornô. Existem duas escolas de pensamento na pornografia, ambas afirmam ter a ciência a seu lado. Uma diz que o pornô é inofensivo e poderia, como alguns pesquisadores canadenses[174] descobriram, melhorar a vida amorosa, se for visto com o parceiro para ideias, discussões e excitação mútua. A outra diz que a pornografia é o oposto de inofensiva. Os que propõem essa teoria sugerem que assistir a pornografia condiciona o cérebro a reagir às dicas sexuais enviadas da tela, e não aos sinais emitidos pela carne.[175] Eles percebem que as dificuldades na cama são relatadas entre homens de todas as idades que veem muita pornografia. E esses críticos acreditam que aprender a fazer sexo com o pornô é quase o mesmo que aprender a lidar com uma arma vendo filmes de faroeste. (Também é possível que uma terceira coisa – algum problema no cérebro ou na cultura – esteja causando tanto a disfunção sexual quanto o consumo excessivo de pornografia.)

Apesar disso, na grande maioria dos casos, o pornô retrata um tipo específico de sexo, que foca a satisfação masculina – sempre com penetração rápida e um ritmo acelerado, e não tem quase nada do carinho e da evolução lenta de que as mulheres gostam. Assim, é uma forma bem pobre de modelo sexual e parece criada para excitar apenas um parceiro. (Como alguém que já viu filmes como profissão, eu também acho que o pornô não tem sequência narrativa nem desenvolvimento de personagens. Mas isso é como reclamar de uma mancha em uma cama de pregos.) Muitos terapeutas que entrevistei notaram que, desde o advento da internet de banda larga, a pornografia tem sido um grande problema entre casais. É válido considerar se o pornô faz sua parceira se sentir indesejada, com medo de não corresponder aos padrões das estrelas do pornô. Ela também pode se perguntar por que seu parceiro prefere uma tela para ter satisfação sexual em vez dela. Isso pode fazer mal para sua autoestima e sua confiança sexual e, como falado anteriormente, a falta de autoconfiança pode suprimir o desejo até que ele fique menos acessível do que um brinquedo dentro da embalagem.

Dadas todas as variáveis, o caminho mais inteligente para uma vida sexual feliz pode ser confiar na clássica segunda opção: a teoria da autodeterminação. Os doutrinadores dessa teoria sugerem que nós humanos somos mais felizes e saudáveis quando temos o hábito de fazer atividades que nos permitem escolher e controlar nossas ações, nos sentir confiantes e capazes, e nos aproximar de outras pessoas.[176] Ou seja, temos autonomia, competência e somos confiáveis. Isso quer dizer que as interações sexuais mais radiantes seriam aquelas que nos permitiriam fazer as coisas que nos agradam, fazê-las bem, e nos sentir amados enquanto fazemos.

A boa notícia é que, apesar de a menopausa diminuir a libido, o sexo pode ser mais fácil depois de um pouco de treino. Primeiro porque as mulheres ficam mais familiarizadas com as reações do próprio corpo, então o sexo se torna uma experiência mais positiva para elas. Além disso, os homens, menos guiados pela testosterona, podem aceitar o que McCarthy chama de "toque de afeto, sensual, divertido e erótico como ponte para o desejo sexual"[177] mais do que apenas estar preso em coitos e orgasmos. Ao longo de muitos anos de monogamia, é natural que o casal fique menos impressionado com a aparência do outro ou com o fato de não serem mais tão especiais aos olhos do parceiro. Mas eles têm a oportunidade de criar uma conexão incrível. E é quase impossível não ficar animado quando ainda fazemos alguém feliz.

Outra notícia igualmente boa é que o sexo e a vida longa estão relacionados. Os pesquisadores Barry Komisaruk e Beverly

Whipple[178] descobriram que pessoas que têm orgasmos regulares tendem a ter menos estresse e taxas menores de doenças cardíacas, câncer de mama, câncer de próstata e endometriose. O epidemiologista britânico G. Davey Smith e alguns colegas descobriram que, em uma década, os homens que tinham dois ou mais orgasmos por semana tinham metade do risco de morte daqueles que tinham menos de um orgasmo por mês.[179] E o mais famoso de todos os pesquisadores sexuais, Alfred Kinsey, acreditava que o sexo poderia melhorar a dor, e que isso traria, como Roach escreve, "um turno biológico prioritário", o que leva a "uma indiferença à dor e ao desconforto físico causada pelo sexo",[180] em que febres e dores musculares sumiam. Ou seja, ela adiciona, "qualquer mal-estar que você estiver sentindo acaba durante uma relação sexual muito boa". Sua rapidinha da tarde pode literalmente estar salvando a vida do seu parceiro.

Karl Pillemer, gerontologista que entrevistou mais de setecentos idosos norte-americanos, relatou que nenhum deles achava que o parceiro não era atraente. Nenhum idoso. E essas pessoas eram bem velhas. Em parte, o gerontologista argumenta, imaginamos que não vamos conseguir fazer sexo com a mesma pessoa por décadas, porque a ideia de pessoas mais velhas fazendo sexo simplesmente nos dá nojo, assim como acidentalmente ver nossos pais fazendo. (Eu aprendi a bater antes de entrar, depois de ter feito isso uma vez. A cena ainda é forte.) Um homem de 77 anos que ainda fazia sexo com a sua esposa falou assim: "De certa forma, quando ficamos mais velhos, ficamos meio cegos para as enfermidades que afetam o parceiro. E sempre o vemos como ele era. Não enxergamos a idade. É uma coisa maravilhosa. Eu não sei se o cérebro é preparado para isso, mas é assim... pode continuar vivendo normalmente".[181]

CAPÍTULO 6

FAZENDO TERAPIA

Foi meu marido que sugeriu que procurássemos um terapeuta. Já que ele odeia falar, a proposta me deixou tensa, como um cachorrinho que ouve um barulho estranho. Eu sabia que as coisas não estavam ótimas, mas achava que nós só precisávamos encontrar algo divertido para fazermos juntos. Quando eu sugeri brincando que poderíamos gastar melhor nosso tempo e dinheiro em um encontro especial, ele apenas deu um sorriso amarelo. A sirene fraquinha no fundo da minha cabeça ficou um pouco mais alta. E ficou mais alta ainda quando descobri que ele já tinha achado um terapeuta. Claro que não era o intelectual chique que eu imaginava que ele iria escolher, mas uma mulher meio hippie e gentil em um vestido soltinho que me lembrava da minha sogra, Patty, uma mulher cujos conselhos ele não ouvia desde que usou calças capri.

Estava claro que meu marido estava acreditando que ele não era amado, que eu só me importava com meus filhos e meu emprego, e que ele era só mais uma coisa na minha lista de afazeres. Estava claro que ele se sentia um colega de quarto e estava pensando se ainda me amava. Era claro que a terapeuta era um último esforço antes de ele decidir se separar.

Essas revelações provocaram em mim uma fúria que eu não sabia que eu podia sentir. Para mim, parecia que ele tinha se sentido obrigado a deixar cada parte de sua vida atrás do seu primeiro amor, que era a arquitetura, e que a nossa família inteira tinha adaptado nossa vida para acomodar essa paixão e só queríamos nos satisfazer com qualquer sobra de devoção. Como ele ousava, depois de ter dado uma atenção tão inconstante para sua família, dizer que ele não era amado? Eu já tinha na ponta da língua, nem sabia que estava guardada, uma lista completa de ocasiões em que ele havia colocado as necessidades da família em segundo lugar: a vez em que eu estava com mastite e um bebê recém-nascido e ele foi para a balada; o inverno em que todos nós passamos frio porque ele quis instalar uma janela do chão até o teto e ela não estava pronta; por causa dele, não tínhamos forno. E agora ele estava ameaçando nos deixar?

Em outras palavras, o nosso caso era clássico. Estávamos lidando com dois empregos cansativos, filhos pequenos que precisavam de muito do nosso tempo, pouquíssimo espaço para nós e um quarto não muito ativo. Mágoa, amargura, estresse, dívidas, atrações súbitas por outras pessoas: nós tínhamos tudo. Quase todas as coisas ruins que um ser humano pode fazer legalmente para outro ser humano, nós já tínhamos feito ou pensado em fazer um para o outro. Os quatro cavaleiros do apocalipse de um casamento condenado – desrespeito, defensiva, críticas e enrolação – estavam fazendo um desfile diário na nossa sala de estar.

Para tentar sair dessa confusão, nós buscamos a ajuda de Sue por mais ou menos dois anos, a cada duas semanas. Foi difícil. Ouvir a pessoa que mais te conhece contar todos os seus podres para um estranho está entre "ficar à deriva em alto-mar" e "andar 16 quilômetros usando salto alto" em uma escala de diversão. E, às vezes, as revelações naquela sala resultavam em brigas piores mais tarde. E então elas precisavam ser retomadas na sessão seguinte. E por aí vai. Parecia que o desabafo estava piorando as coisas, como se tivéssemos sido jogados no grande poço de terapia de Carkoon, para sermos digeridos várias vezes por centenas de anos por Sarlacc. Pelo menos, era assim que eu imaginava; meu marido não gosta muito de *Star Wars*. Ele curte mais *Blade Runner*. (E, não, a Sue não resolveu isso. Ela parecia achar que nós tínhamos problemas mais urgentes.) Como a sessão era na hora do almoço, eu comprava no restaurante local um sanduíche pronto para cada um de nós, depois nós comíamos em um parque triste de concreto, geralmente em um silêncio deprimente. Toda vez que eu vou para um restaurante de comida rápida, eu consigo sentir a aflição.

Mas, um dia, alguns problemas que costumavam ser insuperáveis se tornaram compreensíveis, reconhecidos assim que surgiam, resolvidos e até viraram piada. Feridas que nos retorciam de agonia começaram a incomodar um pouco menos conforme iam sendo compartilhadas, exploradas e perdoadas. Às vezes, ter outro cérebro no local pode mudar a forma como falamos sobre um problema persistente. Ajuda a localizar os fusíveis, assim podemos manter os fósforos longe deles. Um par diferente de olhos pode detectar os padrões em que a menção do problema A gera a resposta B, que leva à retaliação C e à enrolação Z, que é um lembrete do problema D, e por aí vai, eternamente, e pode ajudar a perceber uma forma de mudar isso. Um psicoterapeuta proeminente, Daniel Wile, relaciona a terapia de casal a estar na torre de observação de um aeroporto. Você pode ver os sentimentos chegando e saindo, mesmo se não estiverem na sua agenda, e pedir ao pessoal com colete de alta visibilidade que faça os ajustes apropriados.

Meu marido e eu aprendemos a conversar de uma forma diferente quando chegávamos em casa. Nós tínhamos várias conversas duras com dentes cerrados, que começavam com: "O que eu estou ouvindo você dizer é que você não gosta que eu encoste em você quando estamos com outras pessoas", o que parecia bem artificial e falso e pesado, mas na verdade ia direto ao ponto: "Não. O que eu estou tentando dizer é que eu gostaria que você fosse tão carinhosa em particular quanto você é em público". A questão com essas conversas irritantes e não autênticas que os terapeutas recomendam, em que um repete o que o outro está dizendo, é que elas meio que forçam as pessoas a ouvir, em vez de se preparar para retrucar enquanto o parceiro fala.

Aos poucos, depois de vários meses, conforme íamos limpando nossa reserva de queixas, chegar à fonte das brigas recorrentes e entender por que cada um se comportava de certa maneira, a mágoa e o medo de ser passado para trás diminuíram e foram substituídos por um tipo de compaixão. A palavra *querido* tornou-se útil: como posso fazer a outra pessoa se sentir querida? Nossa terapeuta era fã do conceito das linguagens do amor, a ideia de que cada um dos dois tem um método primário de transmitir e receber amor, e eles não são necessariamente os mesmos. Se nossos parceiros não falarem nossa linguagem do amor, não seremos capazes de traduzi-la. A teoria é que as pessoas podem mostrar amor com presentes, afeto físico, palavras de carinho, gestos de ajuda ou passando tempo com a pessoa amada. Da mesma forma, as pessoas acreditam que são amadas quando alguém faz uma dessas coisas por elas. O gentil pastor sulista que teve essa ideia, Gary Chapman, escreveu um livro, *As 5 linguagens do amor*, que é um best-seller sobre casamentos há mais ou menos um quarto de século, então, enquanto não existem estudos revisados por teóricos[182] para apoiar sua teoria, ele pode ter razão.

Eventualmente, eu e meu marido começamos a pensar em nós como um time. Não tinha sido só a terapia. Meu emprego mudou – eu fui rebaixada, ou promovida, ou alguma coisa horizontal – e ficou mais flexível. Nossos filhos ficaram um pouco mais autossuficientes. A situação dele no trabalho ficou menos precária. Ele se livrou de uma parceria profissional estressante. Acima de tudo, paramos de agir como se nosso casamento fosse algum objeto sem fricção que navegaria para sempre sem qualquer impulso na sua direção. O nosso relacionamento se transformou. O "nós" se tornou importante para nós de novo.

Os consultores matrimoniais

O que grandes empresas fazem quando seu empreendimento começa a ficar complicado ou inconstante? Elas chamam os consultores. Elas pagam muito para uma terceira parte especialista e objetiva analisar a contabilidade, os bens, os débitos, o fluxo de trabalho, o negócio todo e oferecer um conselho. E elas não ficam com vergonha quando a equipe de consultoria aparece. Ainda assim, pessoas casadas com tanta coisa a perder só procuram ajuda externa quando já é tarde demais. John Gottman[183] estima que os casais esperam uma média de seis anos depois que já é tarde demais para procurar ajuda. A terapia é como a manutenção do carro. Ou a faxina de fim de ano. Ou limpar o teclado do seu notebook. Então por que não cuidar da instituição que protege a sua saúde, sua riqueza e o bem-estar dos seus filhos? Mesmo assim, a maior parte das pessoas não quer fazer terapia de casal, assim como eu não queria. Em 2015, o governo australiano ofereceu 200 dólares em terapia de casal para qualquer casal que aceitasse. A teoria era de que um casamento salvo representava milhares de dólares poupados em possíveis custos com tribunal e pensão para as crianças. Mas o oficial eleito que defendeu essa política também acreditava que famílias felizes eram melhores para a sociedade em geral, então o governo poderia financiar esse projeto de forma legítima. Com medo de receber um dilúvio de pedidos, o programa era limitado a 100 mil casais. Sete meses depois, apenas 10 mil casais haviam se registrado, e muitos deles não haviam ido para a terapia. O governo desistiu do programa e gastou os 17 milhões de dólares restantes em outras despesas.

Por motivos parecidos, o estado de Oklahoma, que tem um dos maiores índices de divórcio dos Estados Unidos, investiu em muitos recursos – foram relatados 70 milhões de dólares de recursos federais – em programas de educação conjugal entre 2000 e 2016, com resultados igualmente ruins. Uma avaliação[184] do programa sugeria que um dos motivos para a sua ineficácia era a dificuldade de encontrar participantes.

Essa relutância em procurar ajuda faz todo sentido. A terapia custa dinheiro (a maior parte dos terapeutas recomenda doze sessões, com uma média de 100 dólares por hora, o que geralmente não é coberto pelo plano de saúde),[185] é constrangedora, consome uma hora que poderia ser gasta em diversão. Tudo isso poderia exacerbar os problemas que o casal já tem: pressão financeira, comunicação ruim e falta de tempo para o outro. Além disso, lá no fundo, as pessoas acham que não estão com problemas. O relacionamento provavelmente está bem. Elas só precisam conversar mais / fazer mais sexo / sair mais! E isso só não acontece por algum mistério.

E um último motivo extremamente relevante: os casais acham que não vai funcionar. Eles vão ter que ouvir um monte de coisas ruins sobre eles e nada vai mudar. "Eu percebi que, se você tiver que ir toda semana por uma hora, você fala todos os tipos de coisas que normalmente não diria, apenas esconderia", diz Gary,* que tentou cinco tipos terapeutas diferentes e agora está divorciado. "Então você ouve mais coisas negativas ainda só porque você precisa preencher o tempo. Depois da terapia,

---

* Nome fictício.

quase não conversávamos." Ele e a esposa, que tinham formas de se comunicar e personalidades muito diferentes, acharam difícil encontrar um terapeuta que agradasse os dois. E sentiram necessidade de procurar ajuda em momentos diferentes. "Deve ser raro duas pessoas acordarem no mesmo dia pensando 'Precisamos ir para a terapia e temos que falar de x, y e z' e pensarem da mesma maneira. Aposto que, na grande maioria dos casos, um deles vai acabar cedendo e pedindo desculpas."

Enquanto não existem números exatos sobre o assunto, os terapeutas dizem que, em geral, os homens ainda estão mais relutantes a ir para a terapia de casal, porque eles não percebem o problema e, em parte, porque ainda são menos propensos a procurar ajuda do que as mulheres em relação a qualquer problema de saúde mental.[186] Mas, mesmo quando não é o homem, muitas vezes um dos parceiros acha que, se a esposa ou o marido se acalmasse um pouco, tudo iria melhorar. Eles fazem terapia como forma de agradar o parceiro ou para que o terapeuta fale para o seu parceiro não ficar tão chateado com as coisas.

Nem todo terapeuta discorda com as pessoas que criticam sua disciplina. Um grande estudo[187] que analisou 645 casais cinco anos depois de eles terem falado pela primeira vez que estavam infelizes revelou que aqueles que continuavam casados estavam felizes por ainda estarem casados. Apesar disso, em uma entrevista mais específica com 55 pessoas que ainda estavam casadas, poucas delas atribuíam sua felicidade à terapia.

Parte do problema, dizem os psicoterapeutas, é que a terapia de casal está entre as terapias mais difíceis. Augustus Napier, autor do livro *The Family Crucible* [A provação da família], que trabalhou por cinco anos com um dos pioneiros da terapia familiar, Carl Whitaker, decidiu que a terapia de casal é tão difícil que ele prefere fazer acompanhado de outro terapeuta. "As demandas dessa prática, de trabalhar com famílias e casais, são muito maiores do que havíamos previsto, e os terapeutas precisam de muito mais ajuda, muito mais estrutura, muito mais apoio para conseguir fazer bem", ele afirmou em uma entrevista para um colega psicoterapeuta. "Ao tentar trabalhar sozinho com famílias e casais, muitas vezes me vi dividido de alguma forma, ou prejudicado pelo processo, ou me senti sobrecarregado, desanimado ou induzido para o mundo próprio da família, o que tomava proporções grandes demais."[188]

Nem todos os psicoterapeutas concordam em tratar o mesmo tipo de problema. Alguns, incluindo os mais influentes, como John Gottman, pensam que muitos problemas entre um casal não podem ser resolvidos (se um dos dois quiser se mudar por causa de um emprego e o outro não quiser, por exemplo) e que as pessoas precisam aprender a viver com as dificuldades. Outros, incluindo Susan Heitler, especialista em resolução de conflitos e autora do livro *A arte do relacionamento*, acredita que eles conseguem fazer com que um casal chegue a uma posição em que eles sejam capazes de negociar uma solução que funcione para ambos em quase todos os assuntos.

Apesar dessas ressalvas, os dados mostram que casais que estão angustiados não melhoram sem a terapia. Este livro, eu espero, pode ajudar você a formular algumas regras para deixar o casamento mais divertido, mas ainda existem alguns tipos de problemas que precisam de ajuda profissional. Afinal, conviver com outro ser humano por bastante tempo não é uma coisa natural. Quase nenhuma outra espécie consegue fazer isso (toupeiras, lobos, castores, ratazanas, gibões, e alguns pássaros, a maioria nada atraente). Haverá problemas, e alguns deles podem ser complicados demais para o casal resolver sozinho. Pouquíssimas pessoas – como o Jason Bourne e alguns corajosos da vida real – conseguem fazer uma cirurgia em si mesmos.

Mesmo casais que dominaram as habilidades básicas delineadas no capítulo "Fazendo as pazes" vão perceber como é difícil acessá-las quando as coisas ficam muito tensas. Não é muito diferente de dirigir em estradas com curvas, quando as pessoas com habilidades normais ficam tranquilas no limite normal de velocidade, mas têm problemas para dirigir mais rápido. Quando os assuntos mais importantes e difíceis surgem e as pessoas ficam agitadas, até os comunicadores mais habilidosos saem do controle. "Você pode ensinar habilidades comunicativas para as pessoas nos mínimos detalhes, e elas até podem aprender, se forem bons clientes", diz Sue Johnson. "[Mas] quando você realmente precisa dessas habilidades, quando está se sentindo ameaçado e cheio de emoções negativas em relação ao seu parceiro, você não consegue acessá-las." Mesmo sendo uma psicoterapeuta renomada que já ensinou terapeutas em todo o mundo, ela também ainda briga com o marido por coisas bobas. Tudo o que o seu treinamento pode fazer, ela diz, é ajudá-la a descobrir como recuperar o equilíbrio do casal mais rapidamente. De modo parecido, os terapeutas que usam a técnica de Johnson providenciam um espaço para treinar os comportamentos que os casais precisam ter quando as coisas derem errado, ou logo depois. "Nós não ensinamos habilidades para as pessoas. É artificial demais", ela diz. "Nós proporcionamos novas experiências para as pessoas." Consultores que seguem o método de Sue fazem com que os casais encenem situações reais para identificar quais são seus gatilhos.

Terapeutas de casais também conseguem, como observadores neutros, sondar vulnerabilidades que surgem do histórico familiar, de traumas, de saúde mental que muitos parceiros podem estar em agonia ou angústia emocional grande demais para perceber ou revelar. E, ao contrário de terapeutas individuais, os bons terapeutas de casais não representam um parceiro ou outro. Eles são defensores do casal, da união. (Isso não quer dizer que a terapia individual não ajude o casal. A maior parte dos terapeutas acredita que é quase impossível ter um casamento bom quando um dos parceiros está ferido demais psicologicamente.)

Uma boa analogia para a terapia conjugal pode ser a fisioterapia. A teoria é que você pode reparar uma fraqueza ou lesão com algumas mudanças no comportamento, incluindo exercitar os músculos ao redor da área danificada para que eles possam ajudar na cura. Durante o tratamento, um terapeuta observa seus desafios, ensina certas habilidades, faz você praticá-las na frente dele, e depois manda você fazer várias repetições em casa. Mas quase nenhum de nós entende a terapia conjugal assim. Nós a tratamos mais como o pronto-socorro: só vamos para lá forçados quando as coisas dão errado e imploramos para que alguém conserte logo.

Por exemplo, a infidelidade.

Não é o sexo, é a traição (mas o sexo não ajuda)

A infidelidade não acontece em um vácuo. É sempre sintoma de um problema maior, normalmente com o traidor ou com o casal. De acordo com algumas estimativas – e o número é bem difícil de definir –, 70% dos casais que buscam a terapia conjugal fazem isso porque um deles foi pego traindo o outro.

Louise* está entre eles. Ela estava casada havia treze anos e sua filha tinha 8 anos quando ela e o marido começaram a fazer terapia. Louise é americana e seu marido é britânico. Eles namoraram enquanto estudavam no Reino Unido, então ficaram amigos quando ela voltou para casa. Ele foi visitá-la e eles se casaram meio de brincadeira quando o visto americano dele venceu. "Nós

---

* Todos os exemplos aqui são de pessoas reais, mas os nomes foram trocados.

pensávamos que éramos hilários", ela disse. "Indo de metrô para a prefeitura com as nossas alianças de 15 dólares." O casamento era cheio de festas e amigos, mas eles não se comunicavam bem. Quando eles discutiam, ele a cortava e ela levantava a voz. "Não estou gritando", ela falava. "Você quer ouvir gritos?" Eles faziam sexo regularmente, mas era um pouco sem graça. Eles não passavam muito tempo a sós. Ele jogava muito videogame, até dez horas por dia, ela afirma. Muitas vezes, ela não se sentia amada e protegida. "Era uma morte por vários cortes", disse.

Ela começou a ter um caso com um colega de trabalho. "Era como tudo o que as pessoas dizem", afirmou Louise, mais ou menos uma década depois. "Era profundamente emocional – quase como usar uma droga emocional." Ela e seu colega tentavam acabar as coisas, mas continuavam voltando um para o outro. "Na época, eu pensava: 'Não, isso é diferente. É especial'", ela dizia. "Para o meu incômodo, acabou sendo o mesmo clichê."

Louise começou a ir para uma terapeuta individual, que sugeriu um terapeuta conjugal. Desesperada, ela procurou na lista telefônica e escolheu a primeira que encontrou. "Não houve uma pré-entrevista. Foi tipo: você pode nos atender? Vamos." É claro que a terapia não correu bem. Aquela terapeuta escolhida aleatoriamente parecia sobrecarregada. Seu marido havia feito sexo por vingança com uma colega de trabalho. "Por fim, não conseguimos resolver", disse Louise. Um dia ela simplesmente anunciou que achava que o casamento não tinha jeito. "Acho que eu me sentia muito culpada, tipo: 'Eu sou uma pessoa ruim e preciso me afastar de você'." Os dois se separaram e se casaram com outras pessoas. A filha deles viaja entre os dois países.

A experiência de Ada com a terapia foi um pouco diferente. Ela descobriu que o homem casado com ela por dezoito anos a traía desde 2003. Ela o expulsou de casa e depois de alguns meses estava saindo com outros homens. "Eu tinha superado o casamento e achava que não tinha nenhuma chance de sobrevivência", disse ela. Mas seu marido continuava importunando-a para que ela lhe desse mais uma chance. Depois da separação, ela começou a ir a uma terapeuta, que um dia sugeriu tentar algumas sessões incluindo o ex-marido. "Levou muito, muito, muito, muito tempo para restabelecer a confiança, mas encontramos o caminho de volta um para o outro e formamos um casal muito melhor e mais forte", disse Ada, que dá crédito para sua terapeuta. "Eu nunca conseguiria ter feito isso sem ela; eu sou do tipo teimosa e rancoros." Eles se casaram novamente, apesar de nunca terem se divorciado e a terapeuta foi convidada. Eles recentemente celebraram seu aniversário de 32 anos de casamento.

Trair o parceiro é uma coisa horrível, péssima, egoísta e estúpida de se fazer. Se você for pego, vai partir o coração da pessoa que ama. Se você tiver filhos, vai partir o coração deles. Mesmo se você não for pego, você está privando a sua família e seu amante do seu tempo e, provavelmente, do seu dinheiro, e você está destruindo sua chance de intimidade mútua ao compartilhar seu coração com outra pessoa e contar várias mentiras para o seu parceiro. E mentir mais para encobrir essas mentiras. Quase tão difícil de tolerar, vários traidores me disseram, é o fato de que você não está vivendo de acordo com os seus ideais. Você está traindo seus próprios valores, a menos que você seja o tipo de pessoa que cresceu com a esperança de enganar alguém que te ama. Claro, os casos sempre parecem mais divertidos que o casamento: não têm despesas domésticas, estão cheios de novidades e não têm histórias difíceis. E o mais delicioso: eles são proibidos. Mas eles geralmente não passam de breves revoltas emocionais, em vez de se tornarem novas histórias de amor revolucionárias. A maior parte dos casos, de acordo com Shirley Glass, especialista pioneira em infidelidade (mãe do Ira Glass, do programa *This American Life*), não acaba em casamento. Na sua experiência, apenas 10% das pessoas que deixam o relacionamento por um amante ficam com o amante.

Por outro lado, a infidelidade nem sempre tem que ser o fim de uma parceria amorosa. E é aí que o terapeuta pode ajudar. Veja Wendi e Keith. Wendi não conseguia acreditar quando encontrou mensagens estranhas no iPad do marido. Eles haviam criado três filhos juntos, presenciado a morte de parentes, apoiado a carreira um do outro. Mas não tinha como negar: Keith, o mais certinho dos dois, estava íntimo demais com uma colega. Wendi havia começado a fazer terapia e conversava sobre o assunto, lutando para entender por que o marido estava falando com suas colegas de uma forma que não falava com ela, quando o terapeuta falou o que ela não conseguia dizer. "Ele está tendo um caso", ele disse. "Nós só não sabemos de qual tipo."

Da sua parte, Keith tinha marcas traumáticas. Vários desastres haviam acometido amigos e parentes em uma rápida sucessão e ele era a pessoa forte, surgindo quando os outros precisavam dele, organizando, ajudando, sendo um ombro amigo. Ele não passava muito tempo em casa e, quando passava, tinha a impressão de que sua esposa era mais insensível do que amorosa. Ele teve um caso com uma das colegas que estava ajudando. Mas, depois de uns anos, ele começou a ter muitas desconfianças. Ele não era mais o mesmo. Ele e a esposa eram cristãos, e ele não conseguia entender como podia ter traído tudo aquilo em que acreditava.

Então, quando Wendi chegou até ele e disse gentilmente que sabia que ele estava em um relacionamento com outra mulher, que estava fazendo terapia em segredo e que achava que ele deveria fazer também, a reação imediata dele foi alívio. Eles fizeram terapia duas vezes por semana por seis meses. Aos poucos, ele admitiu a dimensão do relacionamento. Aos poucos, ele passou a entender que, depois de um caso, não existe amizade; que a pessoa se torna uma área proibida. Não foi uma saída gentil; sua ex-amante ficou indignada. Mas Wendi e Ketih se reconciliaram. Eles conseguiram mudar a forma como reagiam um ao outro para que pudessem expressar o amor de forma mais clara. Eles leram livros e procuraram fontes confiáveis na internet sobre como se recuperar de uma infidelidade. Wendi começou a se curar.

"Eu quero que as pessoas saibam que é possível se recuperar disso", diz Keith. "Que o casamento pode ser mais forte do que nunca. Passar por isso melhorou nosso relacionamento." (Claro, existem formas menos dolorosas de obter o mesmo resultado.)

Karl Pillemer, pesquisador que analisou profundamente o casamento de setecentos casais de idosos, diz que foi pego de surpresa pela quantidade de pessoas que já haviam traído e se reconciliaram. "Em um número surpreendente de casos, um único caso de infidelidade não era considerado um fim automático, contanto que houvesse reconciliação, remorso e, quase sempre, terapia", diz ele. Perceba, tem um limite. Várias traições levam quase sempre à divisão dos bens conjugais.

Superando o pior

As estimativas mais conservadoras sugerem que mais de 25% dos homens casados e cerca de 15% das mulheres casadas fazem sexo com alguém que não é seu cônjuge durante o relacionamento. Esse percentual, com certeza subestimado, é bastante alto, especialmente considerando que, ao contrário do divórcio, o adultério ainda é universalmente malvisto, e os números não estão mudando muito com a revolução tecnológica e sites como Ashley Madison.[*] Em 2016, três quartos dos norte-americanos

---

[*] Rede social de relacionamentos direcionada para pessoas casadas.

acreditavam que é sempre errado fazer sexo com "alguém que não é seu cônjuge", o que é praticamente a mesma proporção de 1991. Outros 13% acreditavam que trair é *quase* sempre errado, assim como achavam em 1991.[189] Essa atitude não é verdade para os norte-americanos puritanos. Um estudo de 2002[190] que pesquisou atitudes em relação à traição em todo o mundo revelou que, qualquer que seja "a noção de descendência de uma cultura [se a linhagem passa pelo pai ou pela mãe], o nível de complexidade social, ou o grau em que as normas de uma cultura são permissivas ou restritivas em questões sexuais", todo mundo quer que o cônjuge faça sexo apenas dentro do relacionamento. (A exceção aqui podem ser os homens gays, que parecem se importar menos com a fidelidade sexual do que com a lealdade emocional, mas a pesquisa a respeito, em sua maioria, ocorreu antes de o casamento homoafetivo ser legalizado.)

Recentemente houve um aumento no interesse em casamentos abertos e poliamorosos entre casais heterossexuais, em que as pessoas formam um ninho pequeno de amantes. Os mórmons fundamentalistas e outros já conseguiram algumas vitórias legais para sua versão de relacionamento. Mas esses ainda são casos isolados. Os terapeutas avisam que casamentos abertos são muito mais difíceis de se manter do que parece. Mesmo se os casais conseguirem lidar com o ciúme, a matemática interpessoal é complicada. A interação entre apenas dois parceiros já é propensa a complicações e mal-entendidos; coloque mais um e a complexidade fica maior ainda. Depois de atender vários casais poliamorosos, a terapeuta e autora Daphne de Marneffe concluiu que somente a quantidade de comunicação e agendamento envolvida já deixaria quase todas as pessoas exaustas.[191] (Ela também aconselha às pessoas que querem abrir o casamento que esperem até que os filhos saiam de casa.)

Como você se recupera de uma traição tão difícil quanto uma infidelidade? Muito devagar. Dependendo do tipo de ligação – um caso completo ou apenas um pouco de intimidade a mais no Facebook –, os terapeutas sugerem que leva cerca de dois anos para uma pessoa traída se sentir completamente segura com o cônjuge de novo. O cônjuge traidor precisa, é claro, concordar em cortar todos os laços com o ex-amante, mas isso é só o início. Não é apenas o fato de dormir com outra pessoa, dizem os terapeutas; é mentir para o parceiro que causa a corrosão. Então são necessárias transparência e abertura de outro nível, incluindo até, por um tempo, coisas no estilo de detetive, como dar acesso total a telefones e computadores, e dar muita satisfação sobre o paradeiro. Se você traiu seu parceiro, é natural ele supor que você não o ama mais, e que você não é confiável. E você precisa fazer o possível para provar o contrário.

As pessoas que foram traídas sentem-se violadas e desnorteadas, mas elas também afirmam que sua autoconfiança some de repente. O que tem de errado com elas que seus parceiros tiveram que procurar outra pessoa? Por que seu amor não é suficiente? Elas são gordas, feias, fracas, chatas, fracassadas demais? Estudos mostraram que o trauma da descoberta pode afetar a forma como elas educam os filhos e trabalham, e podem ser um gatilho para a depressão. Porém, por mais impossível que pareça, os terapeutas dizem que elas devem tentar não levar a traição do parceiro para o lado pessoal. Muitas vezes os traidores não estão infelizes com o parceiro; eles estão infelizes com a própria vida e com o relacionamento. Eles estão tentando resolver seus problemas de uma forma que não querem enxergar como destrutiva. Keith ainda amava a esposa; ele só estava infeliz com a forma como eles eram juntos.

Ada diz que um dos motivos para ela e seu marido terem reatado foi que ela fez uma cirurgia complicada no pé e mal conseguia andar. Seu marido lhe deu forças durante esse tempo, levando-a para consultas e fazendo questão de que ela tivesse o necessário. Mas ele continuou muito respeitoso, morando em outra casa. Ele não tentou se mudar de novo. "Ele estava muito comprometido com o sucesso do relacionamento", ela disse. Ela não pediu para ter acesso ao telefone ou ao e-mail dele, mas ele sempre oferecia informações para ela. Basicamente, ele precisava convencê-la do seu amor mais uma vez.

Existem várias escolas de pensamento que investigam por que as pessoas têm casos. A teoria do afeto oferece uma explicação: os traidores traem porque aprenderam desde a infância que as pessoas próximas deles não são confiáveis, por isso precisam de um plano B para quando começarem a se sentir dependentes de uma pessoa. A teoria construtivista social foca uma socialização cultural (todo mundo faz isso; é natural), e modelos de investimento postulam que traidores não estão tendo no relacionamento a satisfação, a dedicação e o comprometimento que eles desejam, então buscam em outro lugar. Outros estudos sugerem que é uma combinação de fatores externos, tipos de personalidade e problemas no casamento. O advogado de divórcio James J. Sexton resume isso em seu livro sobre como não se divorciar. "Se estivéssemos criando uma máquina geradora de infidelidade, um dos capítulos seria o Facebook." A combinação do desejo de se manter jovem, da habilidade de fazer a vida parecer uma utopia on-line e da facilidade de comunicação secreta foram ótimas para o trabalho dele. Qualquer que seja a razão, é bem difícil retornar da tentativa de um aniquilador de confiança conjugal dessa forma sem ajuda profissional. A terapia não funciona para todo mundo, mas poucas pessoas conseguem superar o trauma sem ela. (O amante de Louise acabou voltando com a esposa sem ajuda de terapia, mas disse que não recomenda fazer as coisas dessa forma.) E, como dizem, nunca deixe uma boa crise ser desperdiçada.

Você pode sempre estar à disposição

Consertar um casamento é difícil e exaustivo. Uma abordagem que pode ser inteligente, sobretudo para casais mais jovens, é ter ajuda preventiva antes que as coisas vão longe demais. Os dados atuais sugerem que a maioria dos casamentos que não dão certo acaba nos dez primeiros anos.[192] (Mais de 20% dos casamentos não chegam tão longe.) Existem vários motivos para isso ("Olá, juventude? Aqui é a impulsividade!"), mas um motivo muitas vezes subestimado é que criamos uma cultura de casamentos extremamente carregada. A cerimônia de casamento é vista como o fim, como o auge. As pessoas querem tanto se casar, e cerimônia de casamento absorve tanto do calor e da luz que esconde a realidade inconveniente que, depois do casamento, eles vão viver juntos para sempre. Nós gastamos um zilhão de vezes mais esforço pensando na festa de casamento do que pensando no que vai acontecer depois, e isso é como entrar em um jogo de pôquer com apostas altíssimas e depois aprender a jogar.

Tem sempre um período complicado no começo de um casamento, em que a paixão louca, estúpida, maravilhosa e romântica começa a murchar, como uma flor, e transforma-se no amor companheiro mais difícil e útil, como uma fruta. Esse também é o momento em que os padrões de interação começam a emergir – como um casal se comunica, como duas pessoas resolvem conflitos, como abrem espaço para os sonhos e desafios uma da outra. Um estudo longitudinal[193] mostrou que a personalidade dos parceiros muda durante os primeiros dezoito meses de casamento, não necessariamente de formas úteis: ambos se tornam menos agradáveis, por exemplo. Isso ocorre quando todas as atitudes e hábitos que herdamos da nossa família de origem começam a emergir, jogados para fora como ratos que perdem o ninho durante uma construção.

É fácil para as pessoas mais novas pensarem que, se fizerem terapia naquele momento, elas são falhas. "As coisas boas que surgem da terapia de casal também teriam surgido na terapia individual", disse Max, que fez terapia com a esposa com dois anos de casamento. "Eu suspeitei de que a nossa terapeuta estava contando qual parceiro estava mais encurralado e alternava de uma sessão para a outra." Ele ainda está casado, mas não sabe se a terapia ajudou. "Em retrospectiva, o acordo não deu espaço para nenhum de nós encontrar a própria voz, então nós dois sentíamos que éramos representados de forma injusta quase o tempo todo."

Uma alternativa mais útil para casais jovens pode ser a educação conjugal. É diferente da terapia, pois o casal não precisa revelar informações pessoais, o trabalho é feito em grupo, e existem exercícios para praticar um com o outro em vez de um terapeuta guiando o casal sozinho. E um ponto importante: é mais barato. Meu marido e eu fizemos duas sessões, e elas ainda são bem estranhas, mas, assim como aprender qualquer coisa, é libertador pelo menos tentar uma forma diferente de fazer as coisas.

Em uma das sessões, nós tivemos que fazer um exercício de leitura mental em que dizíamos para o nosso parceiro o que pensávamos que eles achavam de um assunto, terminando a frase "Eu me pergunto se você acha...". Por exemplo, "Eu me pergunto se você acha que eu não estou educando nossos filhos direito", ou "Eu me pergunto se você acha que nós ficamos tempo demais vendo televisão", ou, claro, "Eu me pergunto se você acha que deveríamos comer menos manteiga". Nossos parceiros, então, tinham uma oportunidade de esclarecer suas opiniões ou sua perspectiva sobre um assunto. Mesmo sendo uma forma bastante teatral e estilizada de se comunicar, o exercício demonstrava o papel que as expectativas e os mal-entendidos podem ter no relacionamento (veja o apêndice).

Alguns estudos[194] sugerem que esse tipo de treinamento melhora as habilidades de comunicação das pessoas e a felicidade no relacionamento – mesmo entre os recém-casados mais complicados, aqueles que foram morar juntos mais por casualidade do que por opção. E, ainda que essas práticas não pareçam naturais, isso não as torna ruins. Várias coisas que são boas não são naturais, incluindo a engenharia mecânica, a caipirinha e a monogamia. "A base de uma prática de relacionamento é entender que as pessoas não têm problemas, elas *são* o problema", escreve Terrence Real. "Um bom relacionamento não é algo que você tem, mas algo que você faz."[195]

Quando o divórcio parece mais fácil

Todos os casais ainda deveriam ser incentivados a ficar juntos, especialmente quando são jovens, não têm filhos ou bens compartilhados? Ou o melhor caminho é simplesmente se preparar, ir embora e tentar de novo? É uma escolha difícil. Terapeutas dizem que podem ajudar a maior parte dos casais, por mais angustiados que estejam. Mas eles também concordam que ninguém deveria ficar em um relacionamento quando sente que ele ou qualquer membro da família está em perigo físico. Para casais em que um dos parceiros tem uma doença mental ou um vício, o futuro parece sombrio. Muitos terapeutas dizem que não há muito a ser feito quando as pessoas não conseguem sair de seus *estabilizadores de tristeza*: drogas, álcool, jogos de azar, sexo extraconjugal. E, com certeza, existem pessoas que se casaram pelos motivos errados – precisavam sair de perto dos pais, achavam que mais ninguém ia querer se casar com elas, ou a noiva estava grávida. É sempre bom enfatizar que a prevenção nesses casos é bem melhor do que a cura.

Em 2000, mais ou menos metade dos cidadãos dos Estados Unidos acreditava que deveria ser mais difícil conseguir se divorciar. Mas desde então esse número diminuiu e, em 2016, apenas 38% do país gostaria que as leis de divórcio fossem mais rígidas, que é exatamente a mesma proporção que gostaria que elas fossem menos rígidas.[196] Os Estados Unidos são pró-divórcio desde que o pessoal da Universidade de Chicago começou a entrevistar as pessoas sobre suas atitudes, em 1972. Divórcio sem culpabilidade agora é permitido por lei, assim como na maior parte das democracias ocidentais. É uma coisa boa e saudável – separar-se é uma jornada ruim o suficiente sem ter que atravessar um campo minado de leis –, mas também quer dizer que as pessoas às vezes agem antes do que deveriam.

Divorciar-se às vezes parece mais fácil do que consertar um casamento, assim como comprar fones novos parece mais fácil do que desembaraçar os que você já tem. Eu tenho um amigo que sempre passa na minha casa para reclamar do seu casamento (outra vantagem de escrever sobre a vida em família). Na verdade, o que ele mais faz é reclamar da esposa – ele é cientista, por isso diz que a esposa é "desequilibrada emocionalmente". Eu sempre acabo dando o mesmo conselho sobre divórcio para ele. Significa metade do tempo com os filhos, metade do dinheiro e mais ou menos o mesmo tempo com a esposa. Ninguém deveria ficar casado "pelo bem das crianças" quando um casamento torna insustentável ou, pior, abusivo. Mas ninguém deveria ignorar a realidade do divórcio.

O estudo[197] que analisou 645 casais infelizes depois de cinco anos revelou que aqueles que haviam se divorciado não estavam mais felizes do que aqueles que continuaram casados. E os que ficaram juntos estavam felizes por não terem se divorciado, mesmo sem terem resolvido os problemas que tinham cinco anos antes. Em outro estudo,[198] 34% dos moradores casados de

Oklahoma disseram que, em algum momento, pensaram que o casamento estava passando por sérios problemas e cogitaram o divórcio. Desses, 92% relataram que estavam felizes por ainda estarem juntos. Mesmo aqueles no meio de um divórcio, às vezes, não sabem muito bem o que estão fazendo. Um estudo de 2016[199] com pais que haviam pedido o divórcio, mas ainda não o haviam finalizado, revelou que um quarto deles estava em dúvida sobre se separar e 8% deles eram totalmente contrários. (A parte triste dos divórcios sem culpabilidade são as pessoas que não querem se divorciar: quando um diz que quer se separar, não tem conversa.)

Psicólogos já sugerem há muito tempo que a satisfação das pessoas com o casamento é como sua satisfação com a própria vida, em forma de U. Eu prefiro pensar nela como o leito de um rio. Começa bem alto, com a promessa de independência e uma vida ao lado de um dos melhores amigos. Então, quando chegam os filhos, as responsabilidades, as decepções e as manias da idade, o casamento começa a parecer mais lento, com muitos obstáculos escorregadios e coisas gosmentas vindo na sua direção. A satisfação começa a vazar. Ela fica baixa por um tempo e, depois, bem devagar, começa a melhorar. Eventualmente as águas profundas diminuem e a parte alegre do casamento emerge. Você só precisa seguir em frente e manter a cabeça acima da água.

Aquele estudo de 2002 sobre casais infelizes revelou que, muitas vezes, as coisas não melhoram, elas simplesmente ficam mais fáceis de tolerar. "Muitos disseram que seu casamento ficou mais feliz não porque resolveram seus problemas, mas porque foram teimosos e aguentaram continuar juntos",[200] os autores escreveram. Um dos segredos de manter-se casado é simplesmente se negar a se divorciar, mesmo quando parece uma opção interessante. Isso não significa que devemos sorrir e seguir em frente – mas um pouco disso geralmente é necessário –, significa que não devemos desistir. Nós temos a mentalidade de resolução de problemas, alguns terapeutas dizem, quando, na verdade, muitas vezes precisamos de uma mentalidade de carrossel: às vezes, nosso cavalo está para baixo, mas ele logo vai subir de novo.

Se você não sabe se deve se divorciar, talvez seja interessante tentar a terapia antes. Existem vários tipos, quase todos com siglas irritantes como PREP ou PAIRS ou TCIC. Então, se você tentou uma delas – talvez uma que focasse o seu histórico familiar – e não teve resultados animadores, você pode tentar outra. Alguns terapeutas são mais experimentais do que outros – ou seja, querem que o casal tenha uma interação na frente deles e querem intervir e mostrar uma forma diferente de reagir. A terapia pode ser cara, então, depois de consultar amigos, suas instituições de fé e/ou a internet para ter recomendações, ligue para alguns terapeutas e veja como eles reagem às suas preocupações. Isso é bem útil quando um parceiro tem alguma condição psiquiátrica ou se automedica. Se você tem um problema específico – dinheiro, criação dos filhos ou sexo – que parece não ter solução, você pode procurar alguém que seja especializado nisso. Muitos não cobram pela primeira consulta. Além disso, deve ficar claro que a terapia conjugal normalmente não é tão cara quanto um advogado, ou quanto a terapia que seus filhos podem precisar depois ou nem mesmo quanto a divisão de bens da sua família.

Quase uma década depois que minha terapia conjugal acabou, momento em que eu enxerguei o abismo que minha vida poderia se tornar sem meu marido, eu o amo mais do que nunca. Com isso, quero dizer que sinto mais afeto por ele e pelos seus olhos azuis e pela sua voz, pelo fato de ele sempre andar meio como se estivesse em um navio, e pelo seu cabelo selvagem e despenteado, e pela forma como a barba por fazer emoldura o seu furinho no queixo, e pela forma bem lenta de construir uma frase em voz alta. Também quero dizer que estou sempre procurando maneiras de fazer sua vida melhor, afinando a forma como eu me comporto perto dele para ser mais carinhosa. Isso parece exaustivo, mas parece mais intenso. É assim que eu imagino que deve ser a sensação de fazer pequenos ajustes para tocar um instrumento melhor ou melhorar a tacada no golfe. Aprender a conhecer o parceiro é divertido e vagamente satisfatório, como ficar bom nas palavras cruzadas. E eu me sinto amada por ele. Quer dizer, não o suficiente, mas quase.

Meu marido, acho que mencionei, gosta do longo prazo. Ele faz / compra / quer coisas que levam bastante tempo para dar frutos e duram muito tempo. Assim como os arquitetos fazem. Eu sou mais a rainha das novidades, gosto de aprender coisas novas rápido, então mudar para a próxima ideia, a próxima história, a próxima coisa brilhante um pouquinho mais longe na praia. Então, para mim, o casamento é uma coisa rara, uma habilidade que eu trabalhei para dominar com mais precisão. Esse é o período mais longo em que eu me dediquei a um projeto, e ainda estou me dedicando a ele. Eu sou muito grata por isso.

Eu não estou dizendo que nunca fiz nada de egoísta ou estúpido ou descuidado ou que eu nunca magoei meu marido ou escolhi a mim, ao invés dele. Isso provavelmente ainda ocorre a maior parte do tempo. Eu não estou dizendo que às vezes ele não faz coisas que me deixam completamente frustrada. Também não estou dizendo que nós dois somos pessoas superiores, que agora merecem um bom casamento. Eu quero dizer que o casamento – ou o compromisso monogâmico de longo prazo – tem sido bom para nós. Tratar o empreendimento conjunto que é o relacionamento como algo valioso funcionou com as nossas personalidades e formas de pensar e atividades, e tornou nossa vida mais rica e nos trouxe mais alegria do que qualquer outra parte da nossa vida. Para mim, né? Ele também tem a arquitetura.

AGRADECIMENTOS

Muitas pessoas foram absurdamente generosas ao me ajudar a escrever este livro. Elas me deram informações que obtiveram em vários anos de terapia e estudos. Elas me contaram suas histórias mais íntimas, muitas delas dolorosas demais para recontar. Os membros da minha família consentiram em ter seus relatos pessoais registrados aqui e não foram duros demais comigo quando nossas lembranças diferiam. No entanto, como a maior parte daqueles que contribuíram para estas páginas e que gostariam de ser reconhecidos já foi nomeada, eu quero mencionar os demais.

Esta pesquisa recebeu a ajuda imensa, proveniente da minha parceria com a querida revista *Time* – minha empregadora, a qual eu acredito de verdade que torna a mim e aos seus leitores mais inteligentes a cada semana. O pessoal de lá me ensinou muito sobre transformar um assunto interessante em uma história; a forma correta de pesquisar, redigir e conferir a veracidade daquilo que se escreve; e como elaborar um texto justo e preciso que também fosse divertido. E eles não só conseguiram aguentar esta australiana esquisita que fala alto nas reuniões de pauta e na redação, mas a acolheram como um deles, mesmo que ela ainda não consiga pronunciar a palavra *gráfico* direito.* Eu trabalhei para seis gerentes editoriais e sou grata a todos eles, mas seria descuidada se não mencionasse: meu amigo e mentor Richard Stengel; Nancy Gibbs, a primeira a me colocar no caminho para escrever sobre casamentos; e seu sucessor, Edward Felsenthal, que me incentivou a continuar produzindo histórias baseadas em pesquisas a respeito de assuntos que, por serem leves, muitas vezes são desconsiderados.

Meu colega Jeff Kluger praticamente me obrigou a colocar minhas ideias no papel. Minha agente e amiga, Betsy Lerner – que me procurou duas décadas atrás e me levou para almoçar por anos antes mesmo de eu começar a parecer uma autora em potencial –, tão paciente, me guiou durante o processo de escrita de um livro sem me chamar de idiota nem uma vez. Julie Grau, minha editora na Spiegel & Grau, que se importava de verdade com o assunto, tornou todo o processo muito menos assustador do que eu imaginei que seria. Carey Wallace foi uma amiga, confidente e uma das primeiras leitoras, além de me apoiar quando eu duvidei de mim mesma. Susan Weill, extremamente meticulosa, conferiu todos os fatos para mim.

No âmbito pessoal, estou em dívida com Sue Pincusoff, por guiar a mim e a meu marido durante um período difícil em nosso casamento e nos ajudar a ver como funciona uma verdadeira parceria. Eu preciso agradecer a meus pais, não apenas por permanecerem casados, mas por serem uma fonte tão boa de referências. Obrigada aos meus filhos, que já devem estar cansados de ouvir: "Não posso. Preciso terminar meu livro". E, acima de tudo, eu tenho de agradecer ao Jeremy, o marido mais difícil e valioso do mundo. Obrigada por me deixar contar nossas histórias, por me incentivar a ter uma vida mais interessante. E por ter se casado comigo.

---

* Por causa de seu sotaque australiano, ao dizer a palavra *"chart"* (gráfico) a autora pronuncia o som representado pela letra "r" de forma muito leve, diferentemente da típica pronúncia americana. (N. P.)

APÊNDICE

PERGUNTAS PARA AUMENTAR A INTIMIDADE

Em um experimento de 1997, os psicólogos Arthur e Elaine Aron e sua equipe tentaram verificar se é possível gerar proximidade. Eles pediram que estudantes realizassem uma variedade de tarefas e, em seguida, mediram o grau de intimidade que eles tinham após as atividades. Uma das ferramentas mais bem-sucedidas foi uma sequência de 36 questões divididas em três partes. Cada uma delas tinha perguntas mais íntimas que a anterior. Posteriormente, elas foram publicadas pelo *The New York Times* e divulgadas como uma forma de fazer as pessoas se apaixonarem, mas elas também são úteis para cônjuges e seus amigos. O estudo original foi publicado no periódico acadêmico *Personality and Social Psychology Bulletin* [Boletim de psicologia social e de personalidade],[201] e o dr. Aron permitiu a divulgação neste livro. Ele recomenda que cada parte seja respondida em até quinze minutos e que, em seguida, os parceiros se entreolhem por quatro minutos.

Parte I

1. Se você pudesse escolher qualquer pessoa no mundo, quem você chamaria para um jantar?
2. Você gostaria de ser famoso? De que forma?
3. Antes de fazer uma ligação, você ensaia o que vai dizer? Por quê?
4. O que seria um dia "perfeito" para você?
5. Quando foi a última vez que você cantou para si mesmo? E para outra pessoa?
6. Se você pudesse viver até os 90 anos e manter a mente ou o corpo de alguém de 30 anos pelos últimos sessenta anos da sua vida, qual você escolheria?
7. Você tem uma intuição de como você vai morrer?
8. Diga três coisas que você e seu parceiro têm em comum.
9. Pelo que você se sente mais grato na sua vida?
10. Se você pudesse mudar qualquer coisa na sua criação, o que seria?
11. Em quatro minutos, conte para o seu parceiro a história da sua vida da forma mais detalhada possível.
12. Se você pudesse acordar amanhã com qualquer qualidade ou habilidade, qual seria?

Parte II

13. Se uma bola de cristal pudesse te contar a verdade sobre você, sua vida, o futuro ou qualquer outra coisa, o que você iria querer saber?
14. Tem alguma coisa que você sempre sonhou em fazer? Por que ainda não fez?
15. Qual foi a maior conquista da sua vida?

16. O que você mais valoriza na amizade?
17. Qual é sua lembrança mais feliz?
18. Qual é sua lembrança mais desagradável?
19. Se você soubesse que iria morrer dentro de um ano, você mudaria alguma coisa na forma como vive agora? Por quê?
20. O que a amizade significa para você?
21. Quais os papéis do amor e do afeto na sua vida?
22. Alternadamente, compartilhe cinco características do parceiro que você considera positivas.
23. Quão próxima e carinhosa sua família é? Você sente que a sua infância foi mais feliz do que a da maioria das pessoas?
24. O que você pensa do seu relacionamento com a sua mãe?

Parte III

25. Elabore três frases verdadeiras com o pronome "nós". Por exemplo: "Nós dois estamos nesta sala e nos sentimos...".
26. Complete a frase: "Eu gostaria de ter alguém para poder compartilhar...".
27. Se você fosse se tornar um amigo próximo do seu parceiro, relate o que seria importante que ele soubesse.
28. Fale para o seu parceiro do que você gosta nele. Seja muito honesto neste momento, diga coisas que você não contaria a alguém que você acabou de conhecer.
29. Compartilhe com o seu parceiro um momento vergonhoso da sua vida.
30. Qual foi a última vez que você chorou na frente de alguém? E sozinho?
31. Conte para o seu parceiro alguma coisa que você gosta nele.

32. De todas as coisas, qual assunto você considera sério demais para fazer piada?

33. Se você fosse morrer hoje à noite e não tivesse a oportunidade de se comunicar com ninguém, do que você se arrependeria de não ter falado para alguém? Por que ainda não falou?

34. Sua casa pega fogo com todas as suas coisas dentro. Depois de salvar sua família e seus animais de estimação, você tem tempo de voltar mais uma vez para salvar um item. O que seria? Por quê?

35. De todas as pessoas da sua família, qual morte você consideraria mais terrível? Por quê?

36. Compartilhe um problema pessoal com seu parceiro e peça a ele um conselho de como lidar com isso. Depois, peça a ele que diga como parece que você está se sentindo em relação ao problema que escolheu.

SOBRE A AUTORA

Belinda luscombe trabalhou na revista *Time* por vinte anos, para a qual escreveu sobre relacionamentos, casamento, cultura, paternidade e a evolução do papel da mulher no século 21. Ela também colaborou em veículos como *Vogue, The New York Times, Sports Illustrated, Fortune, Arena* e várias outras publicações internacionais. Nascida em Sidney, na Austrália, Belinda hoje mora em Nova York e está casada com um arquiteto há 28 anos, o que é tipo 35 anos no tempo dos seres humanos.

facebook.com/biggirlpants
@luscombeland

NOTAS

CAPÍTULO 1

1. REAL, Terrence. *The New Rules of Marriage*: What You Need to Know to Make Love Work. New York: Ballantine Books, 2008, p. 8.

2. FINKEL, Eli J. *The All or Nothing Marriage*: How the Best Marriages Work. New York: Dutton Books, 2017, p. 83.

3. YAMADA, Junko; KITO, Mie; YUKI, Masaki. Passion, Relational Mobility, and Proof of Commitment: A Comparative SocioEcological Analysis of an Adaptive Emotion in a Sexual Market. *Evolutionary Psychology*, p. 1-8, out. 2017. Disponível em: https://journals.sagepub.com/doi/10.1177/1474704917746056. Acesso em: 23 set. 2021.

4. FINKEL, Eli J. *Op. cit.*, p. 24.

5. CAMPBELL, Lorne; MOROZ, Sarah. Humour Use Between Spouses and Positive and Negative Interpersonal Behaviours During Conflict. *Europe's Journal of Psychology*, v. 10, n. 3, p. 532-542, 13 ago. 2014. Disponível em: https://ejop.psychopen.eu/index.php/ejop/article/view/763. Acesso em: 23 set. 2021

6. *Ibidem*, ironicamente.

7. ROBINSON, Elizabeth A.; PRICE, M. Gail. Pleasurable behavior in marital interaction: An observational study. *Journal of Consulting and Clinical Psychology*, vol. 48, n. 1, p. 117-118, 1980). Disponível em: https://content.apa.org/record/1980-05323-001. Acesso em: 23 set. 2021.

8. WEISS, Robert L. Strategic behavioral marital therapy: Toward a model for assessment and intervention. In: VINCENT, J. P. (org). *Advances in Family Intervention, Assessment and Theory*. Greenwich: JAI Press, 1980, v. 1, p. 229-271.

9. LOVING, Timothy J.; CROCKETT, Erin E.; PAXSON, Aubri A. Passionate love and relationship thinkers: Experimental evidence for acute cortisol elevations in women. *Psychoneuroendocrinology*, v. 34, n. 6, p. 939-946, jul. 2009. Disponível em: https://www.sciencedirect.com/science/article/abs/pii/S0306453009000286?via%3Dihub. Acesso em: 23 set. 2021.

10. BARTON, Allen W.; FUTRIS, Ted G.; NIELSEN, Robert B. Linking financial distress to marital quality: The intermediary roles of demand/withdraw and spousal gratitude expressions. *Personal Relationships*, v. 22, n. 3, p. 536-549, set. 2015. Disponível em: https://onlinelibrary.wiley.com/doi/10.1111/pere.12094. Acesso em: 23 set. 2021.

11. LAMBERT, Nathaniel M.; FINCHAM, Frank D. Expressing gratitude to a partner leads to more relationship maintenance behavior. *Emotion*, v. 11, n. 1, p. 52-60, 2011. Disponível: https://doi.apa.org/doiLanding?doi=10.1037%2Fa0021557. Acesso em: 23 set. 2021.

12. JECKER, Jon; LANDY, David. Liking a Person as a Function of Doing Him a Favor. *Human Relations*, v. 22, n. 4, p. 371-378, ago. 1969. Disponível em: https://journals.sagepub.com/doi/10.1177/001872676902200407. Acesso em: 23 set. 2021.

13. DEW, Jeffrey; WILCOX, W. Bradford. Generosity and the Maintenance of Marital Quality. *Journal of Marriage and Family*, v. 75, n. 5, p. 1218-1228, out. 2013. Disponível em: https://onlinelibrary.wiley.com/doi/10.1111/jomf.12066. Acesso em: 23 set. 2021.

14.OLSON, Jonathan R.; MARSHALL, James P.; GODDARD, H. Wallace; SCHRAMM, David G. Shared Religious Beliefs, Prayer, and Forgiveness as Predictors of Marital Satisfaction. *Family Relations*, v. 64, n. 4, p. 519-533, out. 2015. Disponível em: https://onlinelibrary.wiley.com/doi/10.1111/fare.12129. Acesso em: 23 set. 2021.

15. FINCHAM, Frank D.; BEACH, Steven R. H. I say a little prayer for you: Praying for partner increases commitment in romantic relationships. *Journal of Family Psychology*, v. 28, n. 5, p. 587-593, 2014. Disponível em: https://doi.apa.org/record/2013-44940-001?doi=1. Acesso em: 23 set. 2021.

16. BEACH, Steven R. H.; HURT, Tera R.; FINCHAM, Frank D.; FRANKLIN, Kameron J.; McNAIR, Lily M.; STANLEY, Scott M. Enhancing marital enrichment through spirituality: Efficacy data for prayer focused relationship enhancement. *Psychology of Religion and Spirituality*, v. 3, n. 3, p. 201-216, 2011. Disponível em: https://doi.apa.org/record/2011-08722-001?doi=1. Acesso em: 23 set. 2021.

17. REISSMAN, Charlotte Reissman; ARON, Arthur; BERGEN, Merlynn R. Shared Activities and Marital Satisfaction: Causal Direction and Self-Expansion versus Boredom. *Journal of Social and Personal Relationships*, v. 10, n. 2, p. 243-254, maio 1993. Disponível em: https://journals.sagepub.com/doi/10.1177/026540759301000205. Acesso em: 23 set. 2021.

18. RUGER, William; WILSON, Sven E.; WADDOUPS, Shawn L. Warfare and Welfare: Military Service, Combat, and Marital Dissolution. *Armed Forces and Society*, v. 29, n. 1, p. 85-107, out. 2002. Disponível em: https://journals.sagepub.com/doi/10.1177/0095327X0202900105. Acesso em: 23 set. 2021.

19. McNULTY, James K.; OLSON, Michael A.; JONES, Rachael E.; ACOSTA, Laura M. Automatic Associations between One's Partner and One's Affect as the Proximal Mechanism of Change in Relationship Satisfaction: Evidence from Evaluative Conditioning. *Psychological Science*, v. 28, n. 8, p. 1031-1040, maio 2017.

Disponível em: https://journals.sagepub.com/doi/10.1177/0956797617702014. Acesso em: 23 set. 2021.

20. TSAPELAS, Irene; ARON, Arthur; ORBUCH, Terri. Marital Boredom Now Predicts Less Satisfaction 9 Years Later. *Psychological Science*, v. 20, n. 5, p. 543-545, maio 2009. Disponível em: https://journals.sagepub.com/doi/10.1111/j.1467-9280.2009.02332.x. Acesso em: 23 set. 2021.

21. ABASSI, Irum Saeed; ALGHAMDI, Nawal G. The Pursuit of Romantic Alternatives On-line: Social Media Friends as Potential Alternatives. *Journal of Sex and Marital Therapy* v. 44, n. 1, p. 16-28, 2018. Disponível em: https://www.tandfonline.com/doi/full/10.1080/0092623X.2017.1308450. Acesso em: 23 set. 2021.

22. Para uma lista com todas as perguntas, por favor, veja o apêndice deste livro.

23. CRAWFORD, Duane W.; HOUTS, Renate M.; HUSTON, Ted L.; GEORGE, Laura J. Compatibility, Leisure, and Satisfaction in Marital Relationships. *Journal of Marriage and Family*, v. 64, n. 2, p. 433-449, mar. 2004. Disponível em: https://onlinelibrary.wiley.com/doi/10.1111/j.1741-3737.2002.00433.x. Acesso em: 23 set. 2021.

24. REAL, Terrence. *Op. cit.*, p. 13.

25. KNAPP, Darin J.; DURTSCHI, Jared A.; CLIFFORD, Charity E.; KIMMES, Jonathan G.; BARROS-GOMES, Patricia; SANDBERG, Jonathan. Self-esteem and caregiving in romantic relationships: Self- and partner perceptions. *Personal Relationships*, v. 23, n. 1, p. 111-123, fev. 2016. Disponível em: https://onlinelibrary.wiley.com/doi/10.1111/pere.12114. Acesso em: 23 set. 2021.

26. BIRNBAUM, Gurit E.; REIS, Harry T. When Does Responsiveness Pique Sexual Interest? Attachment and Sexual Desire in Initial Acquaintanceships. *Personality and Social Psychology Bulletin*, v. 38, n. 7, p. 946-958, abr. 2012. Disponível em: https://journals.sagepub.com/doi/10.1177/0146167212441028. Acesso em: 23 set. 2021.

CAPÍTULO 2

27. BIRDITT, Kira S.; BROWN, Edna; ORBUCH, Terri L.; McILVANE, Jessica M. Marital Conflict Behaviors and Implications for Divorce over 16 Years. *Journal of Marriage and Family*, v. 72, n. 5, p. 1188-1204, out. 2010. Disponível em: https://onlinelibrary.wiley.com/doi/10.1111/j.1741-3737.2010.00758.x. Acesso em: 23 set. 2021.

28. RELATIONSHIPS Are Hard, But Why?: Stan Tatkin, 2016. 1 vídeo (10 min). Disponível em: www.youtube.com/watch?v=2xKXLPuju8U. Acesso em: 23 set. 2021.

29. TZU, Sun. *A arte da guerra*. São Paulo: Record, 2006, p. 7.

30. McRAE, Tara R.; DALGLEISH, Tracy L.; JOHNSON, Susan M.; BURGESS-MOSER, Melissa; KILLIAN, Kyle D. Emotion Regulation and Key Change Events in Emotionally Focused Couple Therapy. *Journal of Couple and Relationship Therapy*, v. 13, n. 1, p. 1-24, 2014. Disponível em: https://www.tandfonline.com/doi/abs/10.1080/15332691.2013.836046. Acesso em: 23 set. 2021.

31. LERNER, Harriet. *Why Won't You Apologize?*: Healing Big Betrayals and Everyday Hurts. New York: Touchstone, 2017, p. 81.

32. TZU, Sun. *Op. cit.*, p. 9.

33. LERNER, Harriet. *Op. cit.*, p. 47.

34. REAL, Terrence. *Op. cit.*, p. 52.

35. GOTTMAN, John Mordecai; LEVENSON, Robert Wayne. A Two-Factor Model for Predicting When a Couple Will Divorce: Exploratory Analyses Using 14-Year Longitudinal Data. *Family Process*, v. 41, n. 1, p. 83-96, mar. 2002. Disponível em: https://onlinelibrary.wiley.com/doi/10.1111/j.1545-5300.2002.40102000083.x. Acesso em: 23 set. 2021.

36. REAL, Terrence. *Op. cit.*, p. 83.

37. CARSTENSEN, Laura L.; GOTTMAN, John Mordecai; LEVENSON, Robert Wayne. Emotional behavior in long-term marriage. *Psychology and Aging*, v. 10, n. 1, p. 140-149, mar. 1995. Disponível em: www.ncbi.nlm.nih.gov/pubmed/7779311. Acesso em: 23 set. 2021.

CARSTENSEN, Laura L.; GOTTMAN, John Mordecai; LEVENSON, Robert Wayne. The influence of age and gender on affect, physiology, and their interrelations: a study of long-term marriages. *Journal of Personality and Social Psychology*, v. 67, n. 1, p. 56-68, jul. 1994. Disponível em: www.ncbi.nlm.nih.gov/pubmed/8046584. Acesso em: 23 set. 2021.

38. GOTTMAN, John Mordecai. *What Predicts Divorce?*: The Relationship Between Marital Processes and Marital Outcomes. Hillsdale: Lawrence Erlbaum, 1994; GOTTMAN, John Mordecai; COAN, James; CARRERE, Sybil; SWANSON, Catherine. Predicting Marital Happiness and Stability from Newlywed Interactions. *Journal of Marriage and the Family*, v. 60, n. 1, p. 5-22, fev. 1998. Disponível em: https://www.jstor.org/stable/353438?origin=crossref. Acesso em: 23 set. 2021.

39. BIRDITT, Kira S.; BROWN, Edna; ORBUCH, Terri L.; McILVANE, Jessica M. *Op. cit.*

40. BRADBURY, Thomas N.; CAMPBELL, Susan M.; FINCHAM, Frank D. Longitudinal and behavioral analysis of masculinity and femininity in marriage. *Journal of Personality and Social Psychology*, v. 68, n. 2, p. 328-341, fev. 1995. Disponível em: https://pubmed.ncbi.nlm.nih.gov/7877096/. Acesso em: 23 set. 2021.

41. MARANGES, Heather. M.; McNULTY, James K. The rested relationship: Sleep benefits marital evaluations. *Journal of Family Psychology*, v. 31, n. 1, p. 117-122, 2017. Disponível em: https://doi.apa.org/doiLanding?doi=10.1037%2Ffam0000225. Acesso em: 23 set. 2021.

42. AMATO, Paul R.; BOOTH, Alan. The legacy of parents' marital discord: Consequences for children's marital quality. *Journal of Personality and Social Psychology*, v. 81, n. 4, p. 627-638, 2001. Disponível em: https://doi.apa.org/record/2001-18605-006?doi=1. Acesso em: 23 set. 2021.

43. McCULLOUGH, Michael E.; LUNA, Lindsey Root; BERRY, Jack W.; TABAK, Benjamin A.; BONO, Giacomo. On the form and function of forgiving: Modeling the time-forgiveness relationship and testing the valuable relationships hypothesis. *Emotion*, v. 10, n. 3, p. 358-376, 2010. Disponível em: https://doi.apa.org/doiLanding?doi=10.1037%2Fa0019349. Acesso em: 23 set. 2021.

44. LERNER, Hariet. *Op. cit.*, p. 52.

45. HEWSTONE, Miles; CAIRNS, Ed; VOCI, Alberto; HAMBERGER, Juergen; NIENS, Ulrike. Intergroup Contact, Forgiveness, and Experience of 'The Troubles' in Northern Ireland. *Journal of Social Issues*, v. 62, n. 1, p. 99-120, 2006. Disponível em: https://spssi.onlinelibrary.wiley.com/doi/10.1111/j.1540-4560.2006.00441.x. Acesso em: 23 set. 2021.

46. SPRING, Janis Abrahms; SPRING, Michael. *How Can I Forgive You?*: The Courage to Forgive, the Freedom Not To. New York: Perennial Currents, 2005, p. 124.

47. McCULLOUGH, Michael E.; PEDERSEN, Eric J.; CARTER, Evan; TABAK, Benjamin A. Conciliatory gestures promote human forgiveness and reduce anger. *Proceedings of the National Academy of Sciences*, v. 111, n. 30, p. 11211-11216, jul. 2014. Disponível em: https://www.pnas.org/content/111/30/11211. Acesso em: 23 set. 2021.

48. McCULLOUGH, Michael E. *Beyond Revenge*: The Evolution of the Forgiveness Instinct. San Francisco: Jossey-Bass, 2008.

AURELI, Filippo; DE WAAL, Frans B. M. *Natural Conflict Resolution*. Berkeley: University of California Press, 2000.

49. HRUSCHKA, Daniel J.; HENRICH, Joseph. Friendship, cliquishness, and the emergence of cooperation. *Journal of Theoretical Biology*, vol. 239, p. 1-15, mar. 2006. Disponível em: https://www.sciencedirect.com/science/article/abs/pii/S0022519305003097?via%3Dihub. Acesso em: 23 set. 2021.

50. 1 Coríntios 13:7.

51. McCULLOUGH, Michael E.; LUNA, Lindsey Root; BERRY, Jack W.; TABAK, Benjamin A.; BONO, Giacomo. *Op. cit.*

52. *Ibidem.*

53. McCULLOUGH, Michael E.; ROOT, Lindsey M.; COHEN, Adam D. Writing about the Personal Benefits of a Transgression Facilitates Forgiveness. *Journal of Consulting and Clinical Psychology*, v. 74, n. 5, p. 887-897, 2006. Disponível em: https://doi.apa.org/record/2006-13014-010?doi=1. Acesso em: 23 set. 2021.

CAPÍTULO 3

54. RICK, Scott I.; SMALL, Deborah A.; FINKEL, Eli J. Fatal (Fiscal) Attraction: Spendthrifts and Tightwads in Marriage. *Journal of Marketing Research*, v. 48, n. 2, p. 228-237, abr. 2011. Disponível em: https://journals.sagepub.com/doi/10.1509/jmkr.48.2.228. Acesso em: 23 set. 2021.

55. STANLEY, Scott M.; MARKMAN, Howard J.; Sarah W. Whitton. Communication, Conflict, and Commitment: Insights on the Foundations of Relationship Success from a National Survey. *Family Process*, v. 41, n. 4, p. 659-675, dez. 2002. Disponível em: https://onlinelibrary.wiley.com/doi/10.1111/j.1545-5300.2002.00659.x. Acesso em: 23 set. 2021.

56. DEW, Jeffrey; DAKIN, John. Financial Disagreements and Marital Conflict Tactics. *Journal of Financial Therapy*, v. 2, n. 1, p. 22-42, 2011. Disponível em: https://newprairiepress.org/jft/vol2/iss1/7/. Acesso em: 23 set. 2021.

57. PAPP, Lauren M.; CUMMINGS, E. Mark; GOEKE-MOREY, Marcie C. For Richer, for Poorer: Money as a Topic of Marital Conflict in the Home. *Family Relations*,

v. 58, n. 1, p. 91-103, 2009. Disponível em: https://onlinelibrary.wiley.com/doi/10.1111/j.1741-3729.2008.00537.x. Acesso em: 23 set. 2021.

58. *Ibidem.*

59. SMOCK, Pamela J.; MANNING, Wendy D.; PORTER, Meredith. "Everything's There Except Money": How Money Shapes Decisions to Marry among Cohabitors. *Journal of Marriage and Family*, v. 67, n. 3, p. 680-696, ago. 2005. Disponível em: https://onlinelibrary.wiley.com/doi/10.1111/j.1741-3737.2005.00162.x. Acesso em: 23 set. 2021.

60. SHUEY, Kim M.; WILSON, Andrea E. Economic hardship in childhood and adult health trajectories: An alternative approach to investigating life-course processes. *Advances in Life Course Research*, v. 22, p. 49-61, dez. 2014. Disponível em: https://www.sciencedirect.com/science/article/abs/pii/S1040260814000215?via%3Dihub. Acesso em: 23 set. 2021.

61. LYERLA, Blaine. Survey Results: When Divorce Does Damage to Your Credit. *Experian*, 30 jan. 2017. Disponível em: https://web.archive.org/web/20170215104931/http://www.experian.com/blogs/ask-experian/survey-results-when-divorce-does-damage-to-your-credit/. Acesso em: 23 set. 2021.

62. VOHS, Kathleen D.; MEAD, Nicole L.; GOODE, Miranda R. The Psychological Consequences of Money. *Science*, v. 314, n. 5802, p. 1154-1156, nov. 2006. Disponível em: https://www.science.org/lookup/doi/10.1126/science.1132491. Acesso em: 23 set. 2021.

63. DEAN, Lukas R.; CARROLL, Jason S.; YANG, Chongming. Materialism, Perceived Financial Problems, and Marital Satisfaction. *Family and Consumer Sciences Research Journal*, v. 35, n. 3, p. 260-281, mar. 2007. Disponível em: https://onlinelibrary.wiley.com/doi/abs/10.1177/1077727X06296625. Acesso em: 23 set. 2021.

64. LI, Norman P.; LIM, Amy J. Y.; TSAI, Ming-Hong; O, Jiaqing. Too Materialistic to Get Married and Have Children? *PLOS ONE*, v. 10, n. 5, maio 2015. Disponível em: https://journals.plos.org/plosone/article?id=10.1371/journal.pone.0126543. Acesso em: 23 set. 2021.

65. *Ibidem.*

66. MYERS, David G. *Exploring Social Psychology*. 4. ed. New York: Worth, 2007.

67. BRITT-LUTTER, Sonya; HILL, Edward Jeffrey; LeBARON-BLACK, Ashley B.; LAWSON, Derek R.; BEAN, Roy A. Tightwads and Spenders: Predicting Financial Conflict in Couple Relationships. *Journal of Financial Planning*, v. 30, n. 5, p. 36-42, 2017. Disponível em: https://scholarsarchive.byu.edu/facpub/4039/. Acesso em: 23 set. 2021.

68. HANKINS, Scott; HOEKSTRA, Mark. Lucky in Life, Unlucky in Love?: The Effect of Random Income Shocks on Marriage and Divorce. *Journal of Human Resources*, v. 46, n. 2, p. 403-236, 2011. Disponível em: http://jhr.uwpress.org/content/46/2/403. Acesso em: 23 set. 2021.

69. SHENHAV, Na'ama. *What Women Want*: Family Formation and Labor Market Responses to Marriage Incentives. 2016. Job Market Paper – Universidade da Califórnia, Davis, 2016. Disponível em: https://economics.ucr.edu/wp-content/

uploads/2019/10/Shenhav-paper-for-2-4-16-job-talk-seminar.pdf. Acesso em: 23 set. 2021.

70. FRY, Richard; COHN, D'Vera. Women, Men and the New Economics of Marriage, *Pew Research Center*, 19 jan. 2010. Disponível em: https://www.pewresearch.org/social-trends/2010/01/19/women-men-and-the-new-economics-of-marriage/. Acesso em: 23 set. 2021.

71. MUNSCH, Christin L. Her Support, His Support: Money, Masculinity, and Marital Infidelity. *American Sociological Review*, v. 80, n. 3, p. 469-495, maio 2015. Disponível em: https://journals.sagepub.com/doi/10.1177/0003122415579989. Acesso em: 23 set. 2021.

72. PIERCE, Lamar; DAHL, Michael S.; NIELSEN, Jimmi. In Sickness and in Wealth: Psychological and Sexual Costs of Income Comparison in Marriage. *Personality and Social Psychology Bulletin*, v. 39, n. 3, p. 359-374, 3 fev. 2013. Disponível em: https://journals.sagepub.com/doi/10.1177/0146167212475321. Acesso em: 23 set. 2021.

73. MURRAY-CLOSE, Marta; HEGGENESS, Misty L. *Manning up and womaning down*: How husbands and wives report their earnings when she earns more. 6 jun. 2018. Disponível em: https://www.census.gov/content/dam/Census/library/working-papers/2018/demo/SEHSD-WP2018-20.pdf. Acesso em: 23 set. 2021.

74. GRISKEVICIUS, Vladas; TYBUR, Joshua M.; SUNDIE, Jill M.; CIALDINI, Robert B.; MILLER, Geoffrey F.; KENRICK, Douglas T. Blatant Benevolence and Conspicuous Consumption: When Romantic Motives Elicit Strategic Costly Signals. *Journal of Personality and Social Psychology*, v. 93, n. 1, p. 85-102, 2007. Disponível em: https://doi.apa.org/doiLanding?doi=10.1037%2F0022-3514.93.1.85. Acesso em: 23 set. 2021.

75. PINKUS, Rebecca T.; LOCKWOOD, Penelope; SCHIMMACK, Ulrich; FOURNIER, Marc A. For Better and for Worse: Everyday Social Comparisons Between Romantic Partners. *Journal of Personality and Social Psychology*, v. 95, n. 5, p. 1180-1201, 2008. Disponível em: https://doi.apa.org/doiLanding?doi=10.1037%2F0022-3514.95.5.1180. Acesso em: 23 set. 2021.

76. CLARK, Andrew E.; OSWALD, Andrew J. Satisfaction and Comparison Income. *Journal of Public Economics*, v. 61, n. 3, p. 359-381, set. 1996. Disponível em: https://www.sciencedirect.com/science/article/abs/pii/0047272795015647?via%3Dihub. Acesso em: 23 set. 2021).

LUTTMER, Erzo F. P. Neighbors as Negatives: Relative Earnings and Well-Being. *Quarterly Journal of Economics*, v. 120, n. 3, p. 963-1002, ago. 2005. Disponível em: http://users.nber.org/~luttmer/relative.pdf. Acesso em: 23 set. 2021.

77. FOLKE, Olle; RICKNE, Johanna. *All the Single Ladies: Job Promotions and the Durability of Marriage*. Estocolmo: Research Institute of Industrial Economics, 2016. Disponível em: https://www.ifn.se/wfiles/wp/wp1146.pdf. Acesso em: 23 set. 2021.

78. SCHWARTZ, Christine R.; GONALONS-PONS, Pilar. Trends in Relative Earnings and Marital Dissolution: Are Wives Who Outearn Their Husbands Still

More Likely to Divorce? *Russell Sage Foundation Journal of the Social Sciences*, v. 2, n. 4, p. 218-236, ago. 2016. Disponível em: https://www.jstor.org/stable/10.7758/rsf.2016.2.4.08#metadata_info_tab_contents. Acesso em: 23 set. 2021.

79. PINKUS, Rebecca T.; LOCKWOOD, Penelope; SCHIMMACK, Ulrich; FOURNIER, Marc A. *Op. cit.*

80. SHAPIRO, Margaret. Money: A Therapeutic Tool for Couples Therapy. *Family Process*, v. 46, n. 3, p. 279-291, 2007. Disponível em: https://onlinelibrary.wiley.com/doi/10.1111/j.1545-5300.2007.00211.x. Acesso em: 23 set. 2021.

81. PEPIN, Joanna. Beliefs about Money in Families: Balancing Unity, Autonomy, and Gender Equality. *Journal of Marriage and Family*, v. 81, n. 2, p. 361-379, abr. 2019. Disponível em: https://onlinelibrary.wiley.com/doi/10.1111/jomf.12554. Acesso em: 23 set. 2021.

82. LYERLA, Blaine. Survey Results: When Divorce Does Damage to Your Credit. Experian, 30 jan. 2017. Disponível em: https://web.archive.org/web/20170215104931/http://www.experian.com/blogs/ask-experian/survey-results-when-divorce-does-damage-to-your-credit/. Acesso em: 23 set. 2021. Essa pesquisa on-line foi feita com 500 adultos que se divorciaram nos últimos cinco anos.

83. EL ISSA, Erin. 2016 American Household Credit Card Debt Study. *NerdWallet*. Disponível em: www.nerdwallet.com/blog/credit-card-data/household-credit-card-debt-study-2016/. Acesso em: 23 set. 2021.

84. DEW, Jeffrey. Debt Change and Marital Satisfaction Change in Recently Married Couples. *Family Relations*, v. 57, n. 1, p. 60-71, jan. 2008. Disponível em: https://onlinelibrary.wiley.com/doi/10.1111/j.1741-3729.2007.00483.x. Acesso em: 23 set. 2021.

85. DEW, Jeffrey; DAKIN, John. *Op. cit.*

86. ARCHULETA, Kristy L.; RASURE, Erika; BOYLE, Jeremy; BURR, Emily. Do Couples Need to Be on the Same Page?: Exploring Shared Financial Goals as a Mediator for Financial Anxiety, Financial Satisfaction, and Relationship Satisfaction. *Consumer Interests Annual*, v. 59, p. 1-3, 2013. Disponível em: https://www.consumerinterests.org/assets/docs/CIA/CIA2013/Posters2013/archuleta%20rasure%20boyle%20burr%20-%20do%20couples%20need%20to.pdf. Acesso em: 23 set. 2021.

87. BURT, S. Alexandra; DONNELLAN, M. Brent; HUMBAD, Mikhila N.; HICKS, Brian M.; McGUE, Matt; IACONO, William G. Does Marriage Inhibit Antisocial Behavior?: An Examination of Selection vs. Causation via a Longitudinal Twin Design. *Archives of General Psychiatry*, v. 67, n. 12, p. 1309-1315, 2010. Disponível em: https://jamanetwork.com/journals/jamapsychiatry/fullarticle/210932. Acesso em: 23 set. 2021.

88. LEONARD, Megan de Linde; STANLEY, T. D. Married with children: What remains when observable biases are removed from the reported male marriage wage premium. *Labour Economics*, v. 33, p. 72-80, abr. 2015. Disponível em: https://www.sciencedirect.com/science/article/abs/pii/S0927537115000251?via%3Dihub. Acesso em: 23 set. 2021.

89. ZAGORSKY, Jay L. Marriage and divorce's impact on wealth. *Journal of Sociology*, v. 41, n. 4, p. 406-424, dez. 2005. Disponível em: https://journals. sagepub.com/doi/10.1177/1440783305058478. Acesso em: 23 set. 2021.

90. WILMOTH, Janet; KOSO, Gregor. Does Marital History Matter?: Marital Status and Wealth Outcomes among Preretirement Adults. *Journal of Marriage and the Family*, v. 64, n. 1, p. 254-268, fev. 2002. Disponível em: https://onlinelibrary.wiley. com/doi/10.1111/j.1741-3737.2002.00254.x. Acesso em: 23 set. 2021.

91. LUDWIG, Volker; BRÜDERL, Josef. Is There a Male Marital Wage Premium? New Evidence from the United States. *American Sociological Review*, v. 83, n. 4, p. 744-770, jul. 2018. Disponível em: https://journals.sagepub.com/doi/10.1177/0003122418784909. Acesso em: 23 set. 2021.

92. BUTRICA, Barbara A.; SMITH, Karen E. The Retirement Prospects of Divorced Women. *Social Security Bulletin*, v. 72, n. 11, 2012. Disponível em: https://www.ssa. gov/policy/docs/ssb/v72n1/v72n1p11.html. Acesso em: 23 set. 2021.

CAPÍTULO 4

93. BELSKY, Jay; ROVINE, Michael. Patterns of Marital Change across the Transition to Parenthood: Pregnancy to Three Years Postpartum. *Journal of Marriage and Family*, v. 52, n. 1, p. 5-19, fev. 1990. Disponível em: https://www.jstor. org/stable/352833?origin=crossref. Acesso em: 24 set. 2021.

COWAN, Carolyn Pape; COWAN, Phillip A. *When Partners Become Parents*: The Big Life Change for Couples. Mahwah: Lawrence Erlbaum, 1992.

94. COX, Martha J.; PALEY, Blair; BURCHINAL, Margaret; PAYNE, C. Chris. Marital Perceptions and Interactions Across the Transition to Parenthood. *Journal of Marriage and the Family*, v. 61, n. 3, p. 611-625, ago. 1999. Disponível em: https:// www.jstor.org/stable/353564?origin=crossref. Acesso em: 24 set. 2021.

95. SHAPIRO, Alyson Fearnley; GOTTMAN, John Mordecai; CARRÈRE, Sybil. The baby and the marriage: Identifying factors that buffer against decline in marital satisfaction after the first baby arrives. *Journal of Family Psychology*, v. 14, n. 1, p. 59-70, 2000. Disponível em: https://doi.apa.org/doiLanding?doi=10.1037%2F0893-3200.14.1.59. Acesso em: 24 set. 2021.

KLUWER, Esther S.; HEESINK, José A. M.; VAN DE VLIERT, Evert. The Division of Labor across the Transition to Parenthood: A Justice Perspective. *Journal of Marriage and Family*, v. 64, n. 4, p. 930-943, nov. 2002. Disponível em: https://onlinelibrary. wiley.com/doi/10.1111/j.1741-3737.2002.00930.x. Acesso em: 24 set. 2021.

KOIVUNEN, Julie M.; ROTHAUPT, Jeanne W.; WOLFGRAM, Susan M. Gender Dynamics and Role Adjustment During the Transition to Parenthood: Current Perspectives. *Family Journal*, v. 17, n. 4, p. 323-328, set. 2009. Disponível em: https://journals.sagepub.com/doi/10.1177/1066480709347360. Acesso em: 24 set. 2021.

96. PARKER, Kim; WANG, Wendy. Modern Parenthood: Roles of Moms and Dads Converge as They Balance Work and Family. *Pew Research Center*, 14 mar. 2013. Disponível em: https://www.pewresearch.org/social-trends/2013/03/14/

modern-parenthood-roles-of-moms-and-dads-converge-as-they-balance-work-and-family/. Acesso em: 24 set. 2021.

97. AMERICAN TIME USE SURVEY. Charts by Topic: Household Activities. *U.S. Bureau of Labor Statistics*, 2016. Disponível em: https://www.bls.gov/tus/charts/household.htm. Acesso em: 24 set. 2021.

98. ECONOMIC NEWS RELEASE. Table 5. Employment Status of the Population by Sex, Marital Status, and Presence and Age of Own Children under 18, 2016–2017 Annual Averages. *U.S. Bureau of Labor Statistics*, 2016. Disponível em: https://web.archive.org/web/20181015035245/https://www.bls.gov/news.release/famee.t05.htm. Acesso em: 24 set. 2021.

99. PARKER, Kim; WANG, Wendy. *Op. cit.*

100. HANSEN, Thomas. Parenthood and Happiness: A Review of Folk Theories versus Empirical Evidence. *Social Indicators Research*, v. 108, n. 1, p. 29-64, ago. 2012. Disponível em: https://link.springer.com/article/10.1007%2Fs11205-011-9865-y. Acesso em: 24 set. 2021.

101. TWENGE, Jean M.; CAMPBELL, W. Keith; FOSTER, Craig A. Parenthood and Marital Satisfaction: A Meta-analytic Review. *Journal of Marriage and Family*, v. 65, n. 3, p. 574-583, ago. 2003. Disponível em: https://onlinelibrary.wiley.com/doi/10.1111/j.1741-3737.2003.00574.x. Acesso em: 24 set. 2021.

NOMAGUCHI, Kei M.; MILKIE, Melissa A. Costs and Rewards of Children: The Effects of Becoming a Parent on Adults' Lives. *Journal of Marriage and Family*, v. 65, n. 2, p. 356-374, maio 2003. Disponível em: https://onlinelibrary.wiley.com/doi/10.1111/j.1741-3737.2003.00356.x. Acesso em: 24 set. 2021.

102. OFFER, Shira. Time with children and employed parents' emotional well-being. *Social Science Research*, v. 47, p. 192-203, set. 2014. Disponível em: https://www.sciencedirect.com/science/article/abs/pii/S0049089X1400101X?via%3Dihub. Acesso em: 24 set. 2021.

103. COLEMAN, Josh *apud* MEERS, Sharon; STROBER, Joanna. *Getting to 50/50*: How Working Couples Can Have It All by Sharing It All: And Why It's Great for Your Marriage, Your Career, Your Kids, and You. New York: Bantam Books, 2009, p. 189.

104. KOTILA, Letitia E.; SCHOPPE-SULLIVAN, Sarah J.; DUSH, Claire M. Kamp. Time in Parenting Activities in Dual-Earner Families at the Transition to Parenthood. *Family Relations*, v. 62, n. 5, p. 795-807, dez. 2013. Disponível em: https://pubmed.ncbi.nlm.nih.gov/26405367/. Acesso em: 24 set. 2021.

105. PARKER, Kim; WANG, Wendy. *Op. cit.*

106. LINO, Mark; KUCZYNSKI, Kevin; RODRIGUEZ, Nestor; SCHAP, TusaRebecca. *Expenditures on Children by Families, 2015*. Washington: Miscellaneous Publication N. 1528–2015, U.S. Department of Agriculture, Center for Nutrition Policy and Promotion, 2017. Disponível em: https://fns-prod.azureedge.net/sites/default/files/crc2015_March2017.pdf. Acesso em: 24 set. 2021.

107. LUCAS-THOMPSON, Rachel G.; GOLDBERG, Wendy A.; PRAUSE, JoAnn. Maternal work early in the lives of children and its distal associations with achievement and

behavior problems: A meta-analysis. *Psychological Bulletin*, v. 136, n. 6, p. 915-942, 2010. Disponível em: https://doi.apa.org/doiLanding?doi=10.1037%2Fa0020875. Acesso em: 24 set. 2021.

U.S. DEPARTMENT OF HEALTH AND HUMAN SERVICES. *The NICHD Study of Early Child Care and Youth Development*: Findings for Children up to $4^1/^2$ Years. National Institutes of Health, National Institute of Child Health and Human Development, 2006. Disponível em: https://www.nichd.nih.gov/sites/default/files/publications/pubs/documents/seccyd_06.pdf. Acesso em: 24 set. 2021.

108. WHILLANS, Ashley V.; DUNN, Elizabeth W.; SMEETS, Paul; BEKKERS, Rene; NORTON, Michael I. Buying time promotes happiness. *Proceedings of the National Academy of Sciences*, v. 114, n. 32, p. 8523-8527, ago. 2017. Disponível em: https://www.pnas.org/content/114/32/8523. Acesso em: 24 set. 2021.

109. O'BRIEN, Margaret; WALL, Karin (orgs.). *Comparative Perspectives on Work-Life Balance and Gender Equality*: Fathers on Leave Alone. New York: Springer Open, 2017.

110. SOCIETY FOR HUMAN RESOURCE MANAGEMENT. Table 6: Leave Benefits. *2018 Employee Benefits Survey*: The Evolution of Benefits. 2018, p. 28-29. Disponível em: https://www.shrm.org/hr-today/trends-and-forecasting/research-and-surveys/Documents/2018%20Employee%20Benefits%20Report.pdf. Acesso em: 24 set. 2021.

111. GROTE, Nancy K.; CLARK, Margaret S.; MOORE, Alicia. Perceptions of Injustice in Family Work: The Role of Psychological Distress. *Journal of Family Psychology*, v. 18, n. 3, p. 480-492, 2004. Disponível em: https://doi.apa.org/doiLanding?doi=10.1037%2F0893-3200.18.3.480. Acesso em: 24 set. 2021.

KOTILA, Letitia E.; SCHOPPE-SULLIVAN, Sarah J.; DUSH, Claire M. Kamp. *Op. cit.*

POORTMAN, Anne-Rigt; VAN DER LIPPE, Tanja. Attitudes Toward Housework and Child Care and the Gendered Division of Labor. *Journal of Marriage and Family*, v. 71, n. 3, p. 526-541, ago. 2009. Disponível em: https://onlinelibrary.wiley.com/doi/10.1111/j.1741-3737.2009.00617.x. Acesso em: 24 set. 2021.

112. JEYNES, William H. Meta-analysis on the Roles of Fathers in Parenting: Are They Unique? *Marriage and Family Review*, v. 52, n. 7, p. 665-688, 2016. Disponível em: https://www.tandfonline.com/doi/full/10.1080/01494929.2016.1157121. Acesso em: 24 set. 2021.

113. C. S. MOTT CHILDREN'S HOSPITAL, NATIONAL POLL ON CHILDREN'S HEALTH. Mom Shaming or Constructive Criticism? Perspectives of Mothers. *Mott Poll Report*, v. 29, n. 3, 19 jun. 2017. Disponível em: https://mottpoll.org/reports-surveys/mom-shaming-or-constructive-criticism-perspectives-mothers. Acesso em: 24 set. 2021.

114. LEHR, Jennifer. *Parentspeak*: What's Wrong with How We Talk to Our Children — and What to Say Instead. New York: Workman, 2016.

115. GABLE, Sara; BELSKY, Jay; CRNIC, Keith. Marriage, parenting, and child development: Progress and prospects. *Journal of Family Psychology*, v. 5, n. 3-4,

p. 276-294, 1992. Disponível em: https://doi.apa.org/record/1993-01271-001?doi=1. Acesso em: 24 set. 2021.

116. KELLER, Timothy; KELLER, Kathy. *The Meaning of Marriage*: Facing the Complexities of Commitment with the Wisdom of God. New York: Dutton, 2011, p. 142.

117. WALDMAN, Ayelet. Truly, Madly, Guiltily. *The New York Times*, New York, 27 mar. 2005. Disponível em: www.nytimes.com/2005/03/27/fashion/truly-madly-guiltily.html. Acesso em: 24 set. 2021.

118. KOUROS, Chrystyna D.; PAPP, Lauren M.; GOEKE-MOREY, Marcie C.; CUMMINGS, E. Mark. Spillover between marital quality and parent-child relationship quality: Parental depressive symptoms as moderators. *Journal of Family Psychology*, v. 28, n. 3, p. 315-325, 2014. Disponível em: https://doi.apa.org/doiLanding?doi=10.1037%2Fa0036804. Acesso em: 24 set. 2021.

119. HAROLD, Gordon T.; AITKEN, Jessica J.; SHELTON, Katherine H. Inter-parental conflict and children's academic attainment: a longitudinal analysis. *Journal of Child Psychology and Psychiatry*, v. 48, n. 12, p. 1223-1232, dez. 2007. Disponível em: https://acamh.onlinelibrary.wiley.com/doi/10.1111/j.1469-7610.2007.01793.x. Acesso em: 24 set. 2021.

120. McFALL, Stephanie L.; GARRINGTON, Chris (orgs.). *Understanding Society*: Early Findings from the First Wave of the UK's Household Longitudinal Study. Colchester: Institute for Social and Economic Research, University of Essex, 2011, p. 11. Disponível em: http://repository.essex.ac.uk/9115/1/Understanding-Society-Early-Findings.pdf. Acesso em: 24 set. 2021.

121. AMATO, Paul R. The Consequences of Divorce for Adults and Children. *Journal of Marriage and Family*, v. 62, n. 4, p. 1269-1287, nov. 2000. Disponível em: https://onlinelibrary.wiley.com/doi/abs/10.1111/j.1741-3737.2000.01269.x. Acesso em: 24 set. 2021.

122. WHITE, Lynn. The Effect of Parental Divorce and Remarriage on Parental Support for Adult Children. *Journal of Family Issues*, v. 13, n. 2, p. 234-250, jun. 1992. Disponível em: https://journals.sagepub.com/doi/10.1177/019251392013002007. Acesso em: 24 set. 2021.

123. WALLERSTEIN, Judith; LEWIS, Julia M.; BLAKESLEE, Sandra. *The Unexpected Legacy of Divorce*: A 25-Year Landmark Study. New York: Hyperion, 2001, p. 298.

124. AMATO, Paul R.; KANE, Jennifer B.; JAMES, Spencer. Reconsidering the "Good Divorce". *Family Relations*, v. 60, n. 5, p. 511-524, dez. 2011. Disponível em: https://onlinelibrary.wiley.com/doi/10.1111/j.1741-3729.2011.00666.x. Acesso em: 24 set. 2021.

125. LUNDBERG, Shelly; POLLAK, Robert A.; STEARNS, Jenna. Family Inequality: Diverging Patterns in Marriage, Cohabitation, and Childbearing. *The Journal of Economic Perspectives*, v. 30, n. 2, p. 79-102, 2016. Disponível em: https://www.aeaweb.org/articles?id=10.1257/jep.30.2.79. Acesso em: 24 set. 2021.

126. RUIZ, Sarah A.; SILVERSTEIN, Merril. Relationships with Grandparents and the Emotional Well-being of Late Adolescent and Young Adult Grandchildren.

Journal of Social Issues, v. 63, n. 4, p. 793-808, 28 nov. 2007. Disponível em: https://spssi.onlinelibrary.wiley.com/doi/10.1111/j.1540-4560.2007.00537.x. Acesso em: 24 set. 2021.

127. DUNIFON, Rachel; BAJRACHARYA, Ashish. The Role of Grandparents in the Lives of Youth. *Journal of Family Issues*, v. 33, n. 9, p. 1168-1194, maio 2012. Disponível em: https://journals.sagepub.com/doi/10.1177/0192513X12444271. Acesso em: 24 set. 2021.

CAPÍTULO 5

128. PEW RESEARCH CENTER. One-in-Five U.S. Adults Were Raised in Interfaith Homes. 26 out. 2016. Disponível em: https://www.pewforum.org/2016/10/26/one-in-five-u-s-adults-were-raised-in-interfaith-homes/. Acesso em: 24 set. 2021.

ELLIOTT, Sinikka; UMBERSON, Debra. The Performance of Desire: Gender and Sexual Negotiation in Long-Term Marriages. *Journal of Marriage and Family*, v. 70, n. 2, p. 391-406, maio 2008. Disponível em: https://onlinelibrary.wiley.com/doi/10.1111/j.1741-3737.2008.00489.x. Acesso em: 24 set. 2021.

129. MICHAEL, Robert T.; GAGNON, John H.; LAUMANN, Edward O.; KOLATA, Gina. *Sex in America*: A Definitive Survey. Boston: Little, Brown, 1994.

130. STEPHENS-DAVIDOWITZ, Seth. Searching for Sex. *The New York Times*, New York, 24 jan. 2015. Disponível em: https://www.nytimes.com/2015/01/25/opinion/sunday/seth-stephens-davidowitz-searching-for-sex.html. Acesso em: 24 set. 2021.

131. TWENGE, Jean M.; SHERMAN, Ryne A.; WELLS, Brooke E. Declines in Sexual Frequency among American Adults, 1989–2014. *Archives of Sexual Behavior*, v. 46, n. 8, p. 2389-2401, 2017. Disponível em: https://link.springer.com/article/10.1007%2Fs10508-017-0953-1. Acesso em: 24 set. 2021.

132. Números da Pesquisa Social Geral disponibilizados por Tom Smith, diretor da Pesquisa Social Geral da NORC, mediante solicitação.

133. PELECANOS, George. *Hell to Pay*: A Novel. Boston: Little, Brown, 2002.

134. THE SECRET to Desire in a Long-term Relationship: Esther Perel, 2013. 1 vídeo (18 min). Disponível em: https://www.ted.com/talks/esther_perel_the_secret_to_desire_in_a_long_term_relationship#t-8712. Acesso em: 24 set. 2021.

135. JORDAN, L. A.; BROOKS, R. C. The lifetime costs of increased male reproductive effort: courtship, copulation and the Coolidge effect. *Journal of Evolutionary Biology*, v. 23, n. 11, p. 2403-2409, nov. 2010. Disponível em: https://onlinelibrary.wiley.com/doi/10.1111/j.1420-9101.2010.02104.x. Acesso em: 24 set. 2021.

136. KANDIL, Caitlyn Yoshiko. Body-image studies explore the source of much of our anxiety. *Los Angeles Times*, Los Angeles, 27 mar. 2016. Disponível em: https://www.latimes.com/socal/weekend/news/tn-wknd-et-0327-body-image-studies-20160327-story.html. Acesso em: 24 set. 2021.

137. KORNRICH, Sabino; BRINES, Julie; LEUPP, Katrina. Egalitarianism, Housework, and Sexual Frequency in Marriage. *American Sociological Review*, v. 78, n. 1, p. 26-50,

2013. Disponível em: https://journals.sagepub.com/doi/10.1177/0003122412472340. Acesso em: 24 set. 2021.

138. CARLSON, Daniel L.; MILLER, Amanda J.; SASSLER, Sharon; HANSON, Sarah. The Gendered Division of Housework and Couples' Sexual Relationships: A Reexamination. *Journal of Marriage and Family*, v. 78, n. 4, p. 975-995, ago. 2016. Disponível em: https://onlinelibrary.wiley.com/doi/10.1111/jomf.12313. Acesso em: 24 set. 2021.

139. CARLSON, Daniel L.; MILLER, Amanda J.; SASSLER, Sharon. Stalled for Whom? Change in the Division of Particular Housework Tasks and Their Consequences for Middle- to Low-Income Couples. *Socius: Sociological Research for a Dynamic World*, v. 4, p. 1-17, 2018. Disponível em: https://journals.sagepub.com/doi/10.1177/2378023118765867. Acesso em: 24 set. 2021.

140. BECKER, William J.; BELKIN, Liuba; TUSKEY, Sarah. Killing me softly: Electronic communications monitoring and employee and spouse well-being. *Academy of Management Proceedings*, vol. 2018, n. 1, 9 jul. 2018. Disponível em: https://journals.aom.org/doi/10.5465/AMBPP.2018.121. Acesso em: 24 set. 2021.

141. LUCAS, Adrienne; WILSON, Nicholas. Does Television Kill Your Sex Life? Microeconomic Evidence from 80 Countries. *NBER Working Paper Series*, ago. 2018. Disponível em: https://papers.ssrn.com/sol3/papers.cfm?abstract_id=3527905. Acesso em: 24 set. 2021.

142. KLING, Juliana M.; MANSON, JoAnn E.; NAUGHTON, Michelle J.; TEMKIT, Mhamed; SULLIVAN, Shannon D.; GOWER, Emily W.; HALE, Lauren; WEITLAUF, Julie C.; NOWAKOWSKI, Sara; CRANDALL, Carolyn J. Association of sleep disturbance and sexual function in postmenopausal women. *Menopause*, v. 24, n. 6, p. 604-612, jun. 2017. Disponível em: https://journals.lww.com/menopausejournal/Abstract/2017/06000/Association_of_sleep_disturbance_and_sexual.4.aspx. Acesso em: 24 set. 2021.

143. KALMBACH, David A.; ARNEDT, J. Todd; PILLAI, Vivek; CIESLA, Jeffrey A. The Impact of Sleep on Female Sexual Response and Behavior: A Pilot Study. *The Journal of Sexual Medicine*, v. 12, n. 5, p. 1221-1232, maio 2015. Disponível em: https://www.jsm.jsexmed.org/article/S1743-6095(15)31025-0/fulltext. Acesso em: 24 set. 2021.

144. ARPIN, Sarah N.; STARKEY, Alicia R.; MOHR, Cynthia D.; GREENHALGH, Anne Marie D.; HAMMER, Leslie B. "A well spent day brings happy sleep": A dyadic study of capitalization support in military-connected couples. *Journal of Family Psychology*, v. 32, n. 7, p. 975-985, 2018. Disponível em: https://doi.apa.org/record/2018-53904-002?doi=1. Acesso em: 24 set. 2021. Apresentado primeiramente na convenção de 2017 da Society for Personality and Social Psychology.

145. BIRNBAUM, Gurit E.; REIS, Harry T.; MIZRAHI, Moran; KANAT-MAYMON, Yaniv; SASS, Omri; GRANOVSKI-MILNER, Chen. Intimately connected: the importance of partner responsiveness for experiencing sexual desire. *Journal of Personality and Social Psychology*, v. 111, n. 4, p. 530-546, 2016. Disponível em: https://doi.apa.org/record/2016-33913-001?doi=1. Acesso em: 24 set. 2021.

146. MASTERS, William H.; JOHNSON, Virginia E. *Human Sexual Response*. Boston: Little, Brown, 1970, p. 219.

147. ROACH, Mary. *Bonk*: The Curious Coupling of Science and Sex. New York: W. W. Norton, 2008, p. 302.

148. HESS, John A.; COFFELT, Tina A. Verbal Communication about Sex in Marriage: Patterns of Language Use and Its Connection with Relational Outcomes. *The Journal of Sex Research*, v. 49, n. 6, p. 603-612, 2012. Disponível em: https://www.tandfonline.com/doi/abs/10.1080/00224499.2011.619282. Acesso em: 24 set. 2021.

149. COFFELT, Tina A.; HESS, Jon A. Sexual Disclosures: Connections to Relational Satisfaction and Closeness. *Journal of Sex and Marital Therapy*, v. 40, n. 6, p. 577-591, 2014. Disponível em: https://www.tandfonline.com/doi/abs/10.1080/0092623X.2013.811449. Acesso em: 24 set. 2021.

150. SPRECHER, S.; CATE, R. M. "Sexual Satisfaction and Sexual Expression as Predictors of Relationship Satisfaction and Stability". In: HARVEY, John H.; WENZEL, Amy; SPRECHER, Susan (orgs.). *The Handbook of Sexuality in Close Relationships*. Mahwah: Lawrence Erlbaum, 2004, p. 235-256.

MacNEIL, Sheila; BYERS, E. Sandra. "Dyadic assessment of sexual self-disclosure and sexual satisfaction in heterosexual dating couples". *Journal of Personal and Social Relationships*, v. 22, n. 2, p. 169-181, 2005. Disponível em: https://journals.sagepub.com/doi/10.1177/0265407505050942. Acesso em: 24 set. 2021.

151. PITTS, Marian K.; SMITH, Anthony M. A.; GRIERSON, Jeffrey; O'BRIEN, Mary; MISSON, Sebastian. Who Pays for Sex and Why? An Analysis of Social and Motivational Factors Associated with Male Clients of Sex Workers. *Archives of Sexual Behavior*, v. 33, n. 4, p. 353-358, ago. 2004. Disponível em: https://link.springer.com/article/10.1023%2FB%3AASEB.0000028888.48796.4f. Acesso em: 24 set. 2021.

152. SPRECHER, Susan; METTS, Sandra; BURLESON, Brant; HATFIELD, Elaine; THOMPSON, Alicia. Domains of Expressive Interaction in Intimate Relationships: Associations with Satisfaction and Commitment. *Family Relations*, v. 44, n. 2, p. 203-210, abr. 1995. Disponível em: https://www.jstor.org/stable/584810?origin=crossref. Acesso em: 24 set. 2021.

153. REGAN, Pamela C.; ATKINS, Leah. Sex Differences and Similarities in Frequency and Intensity of Sexual Desire. *Social Behavior and Personality*: An International Journal, v. 34, n. 1, p. 95-102, 2006. Disponível em: https://www.ingentaconnect.com/content/sbp/sbp/2006/00000034/00000001/art00009;jsessionid=2h2ip9v9rsrdu.x-ic-live-01. Acesso em: 24 set. 2021.

154. OSTOVICH, Jennifer M.; SABINI, John. How Are Sociosexuality, Sex Drive, and Lifetime Number of Sexual Partners Related? *Personality and Social Psychology Bulletin*, v. 30, n. 10, p. 1255-1266, out. 2004. Disponível em: https://journals.sagepub.com/doi/10.1177/0146167204264754. Acesso em: 24 set. 2021.

155. BLUMSTEIN, Phillip; SCHWARTZ, Pepper. *American Couples*: Money, Work, Sex. New York: William Morrow, 1983.

156. KOMISARUK, Barry R.; WHIPPLE, Beverly; CRAWFORD, Audrita; LIU, Wen-Ching; KALNIN, Andrew; MOSIER, Kristine. "Brain activation during

vaginocervical self-stimulation and orgasm in women with complete spinal cord injury: fMRI evidence of mediation by the Vagus nerves". *Brain Research*, v. 1024, n. 1–2, p. 77-88, out. 2004. Disponível em: https://www.sciencedirect.com/science/article/abs/pii/S0006899304011461?via%3Dihub. Acesso em: 24 set. 2021.

157. HERBENICK, Debby; MULLINAX, Margo; MARK, Kristen. Sexual Desire Discrepancy as a Feature, Not a Bug, of Long-term Relationships: Women's Self-reported Strategies for Modulating Sexual Desire. *The Journal of Sexual Medicine*i, v. 11, n. 9, p. 2196-2206, set. 2014. Disponível em: https://www.jsm.jsexmed.org/article/S1743-6095(15)30865-1/fulltext. Acesso em: 24 set. 2021.

158. HANAUER, Cathi (org.). *The Bitch Is Back*: Older, Wiser, and (Getting) Happier. New York: HarperCollins, 2016, p. 115.

159. BASSON, Rosemary. The Female Sexual Response: A Different Model. *Journal of Sex and Marital Therapy*, v. 26, n. 1, p. 51-65, 2000. Disponível em: https://www.tandfonline.com/doi/abs/10.1080/009262300278641. Acesso em: 24 set. 2021.

160. BASSON, Rosemary. Rethinking low sexual desire in women. *BJOG*: An International Journal of Obstetrics and Gynaecology, v. 109, n. 4, p. 357-363, abr. 2002. Disponível em: https://obgyn.onlinelibrary.wiley.com/doi/10.1111/j.1471-0528.2002.01002.x. Acesso em: 24 set. 2021.

161. MESTON, Cindy M.; BUSS, David M. Why Humans Have Sex. *Archives of Sexual Behavior*, v. 36, p. 477-507, 3 jul. 2007. Disponível em: https://link.springer.com/article/10.1007%2Fs10508-007-9175-2. Acesso em: 24 set. 2021.

162. VAN ANDERS, Sari M.; HAMILTON, Lisa Dawn; SCHMIDT, Nicole; WATSON, Neil V. Associations between testosterone secretion and sexual activity in women. *Hormones and Behavior*, v. 51, n. 4, p. 477-482. Disponível em: https://www.sciencedirect.com/science/article/abs/pii/S0018506X07000049?via%3Dihub. Acesso em: 24 set. 2021.

163. *Ibidem.*

164. McCARTHY, Ellen. Psychologist Barry McCarthy Helps Couples Resolve Sex Problems. *The Washington Post*, 6 dez. 2009.

165. METZ, Michael E.; McCARTHY, Barry W. *Enduring Desire*: Your Guide to Lifelong Intimacy. New York: Routledge, 2011.

166. MUISE, Amy; SCHIMMACK, Ulrich; IMPETT, Emily A. Sexual Frequency Predicts Greater Well-being, But More Is Not Always Better. *Social Psychological and Personality Science*, v. 7, n. 4, p. 295-302, 2016. Disponível em: https://journals.sagepub.com/doi/10.1177/1948550615616462. Acesso em: 24 set. 2021.

167. HITE, Shere. *The Hite Report*: A Nationwide Study of Female Sexuality. New York: Dell, 1976.

168. FUGL-MEYER, Kerstin S.; ÖBERG, Katarina; LUNDBERG, Per Olov; LEWIN, Bo; FUGL-MEYER, Axel. On Orgasm, Sexual Techniques, and Erotic Perceptions in 18-to 74-Year-Old Swedish Women. *The Journal of Sexual Medicine* v. 3, n. 1, p. 56-68, jan. 2006. Disponível em: https://www.jsm.jsexmed.org/article/S1743-6095(15)31280-7/fulltext. Acesso em: 24 set. 2021.

169. KOMISARUK, Barry R.; WHIPPLE, Beverly. Functional MRI of the Brain during Orgasm in Women. *Annual Review of Sex Research*, v. 16, p. 62-86, 2005. Disponível em: https://pubmed.ncbi.nlm.nih.gov/16913288/. Acesso em: 24 set. 2021.

170. *Ibidem.*

171. GEORGIADIS, Jannik. R.; KORTEKAAS, Rudie; KUIPERS, Rutger; NIEUWENBURG, Arie; PRUIM, Jan; REINDERS, A. A. T. Simone; HOLSTEGE, G. Regional cerebral blood flow changes associated with clitorally induced orgasm in healthy women. *European Journal of Neuroscience*, v. 24, n. 11, p. 3305-3316, dez. 2006. Disponível em: https://onlinelibrary.wiley.com/doi/10.1111/j.1460-9568.2006.05206.x. Acesso em: 24 set. 2021.

172. CHIVERS, Meredith L.; SETO, Michael C.; BLANCHARD, Ray. Gender and sexual orientation differences in sexual response to sexual activities versus gender of actors in sexual films. *Journal of Personality and Social Psychology*, v. 93, n. 6, p. 1108-1121, 2007. Disponível em: https://doi.apa.org/record/2007-17941-013?doi=1. Acesso em: 24 set. 2021.

173. HILLS, Rachel. *The Sex Myth*: The Gap Between Our Fantasies and Reality. New York: Simon & Schuster Paperbacks, 2015, p. 8.

174. KOHUT, Taylor; FISHER, William A.; CAMPBELL, Lorne. Perceived Effects of Pornography on the Couple Relationship: Initial Findings of Open-Ended, Participant-Informed, "Bottom-Up" Research. *Archives of Sexual Behavior*, v. 46, n. 2, p. 585-602, 2017. Disponível em: https://link.springer.com/article/10.1007%2Fs10508-016-0783-6. Acesso em: 24 set. 2021.

175. PARK, Brian Y.; WILSON, Gary; BERGER, Jonathan; CHRISTMAN, Matthew; REINA, Bryn; BISHOP, Frank; KLAM, Warren P.; DOAN, Andrew P. Is Internet Pornography Causing Sexual Dysfunctions? A Review with Clinical Reports. *Behavioral Sciences*, v. 6, n. 3, 2016. Disponível em: https://www.mdpi.com/2076-328X/6/3/17/htm. Acesso em: 24 set. 2021.

176. DECI, Edward L.; RYAN, Richard M. The "What" and "Why" of Goal Pursuits: Human Needs and the Self-determination of Behavior. *Psychological Inquiry*, v. 11, n. 4, p. 227-268, 2000. Disponível em: https://www.tandfonline.com/doi/abs/10.1207/S15327965PLI1104_01. Acesso em: 24 set. 2021.

177. McCARTHY, Barry. Sexual Desire and Satisfaction: The Balance between Individual and Couple Factors. *Sexual and Relationship Therapy*, v. 27, n. 4, p. 310-321, 2012. Disponível em: https://www.tandfonline.com/doi/abs/10.1080/146819 94.2012.738904. Acesso em: 24 set. 2021.

178. KOMISARUK, Barry R.; BEYER-FLORES, Carlos; WHIPPLE, Beverly. *The Science of Orgasm*. Baltimore: Johns Hopkins University Press, 2006.

179. SMITH, George Davey; FRANKEL, Stephen; YARNELL, John. Sex and death: are they related? Findings from the Caerphilly cohort study. *The BMJ*, v. 315, n. 7.123, p. 1641-1644, 1997. Disponível em: https://www.bmj.com/content/315/7123/1641. Acesso em: 24 set. 2021.

180. ROACH, Mary. *Op cit.*, p. 39.

181. PILLEMER, Karl. *30 Lessons for Loving*: Advice from the Wisest Americans on Love, Relationships and Marriage. New York: Avery, 2015, p. 181.

CAPÍTULO 6

182. Um estudo fez um paralelo entre os métodos de Chapman e os demais modelos teóricos: EGBERT, Nichole; POL, Denise. Speaking the Language of Relational Maintenance: A Validity Test of Chapman's (1992) Five Love Languages. *Communication Research Reports*, v. 23, n. 1, p. 19-26, 2006. Disponível em: https://www.tandfonline.com/doi/abs/10.1080/17464090500535822. Acesso em: 24 set. 2021.

183. *Apud* GILBER, Susan. Married with Problems? Therapy May Not Help. *The New York Times*, New York, 19 abr. 2005. Disponível em: https://www.nytimes.com/2005/04/19/health/psychology/married-with-problems-therapy-may-not-help.html. Acesso em: 24 set. 2021.

184. DION, M. Robin; AVELLAR, Sarah A.; ZAVERI, Heather H.; STRONG, Debra A.; HERSHEY, Alan M.; SILMAN, Timothy J.; SANTOS, Betsy. *The Oklahoma Marriage Initiative*: A Process Evaluation. Mathematica Policy Research, Inc., 23 maio 2008. Disponível em: https://www.mathematica.org/publications/the-oklahoma-marriage-initiative-a-process-evaluation. Acesso em: 24 set. 2021.

185. De acordo com a Diretoria Nacional de Aconselhamento de Casamento e Família. Family and Marriage Counseling Cost: How Much Will It Cost? Disponível em: http://www.counsel-search.com/articles/marriage-family-counseling_71.htm. Acesso em: 24 set. 2021

186. WENDT, Douglas; SHAFER, Kevin. Gender and Attitudes about Mental Health Help Seeking: Results from National Data. *Health & Social Work*, v. 41, n. 1, p. e20-e28, fev. 2016. Disponível em: https://academic.oup.com/hsw/article-abstract/41/1/e20/2356706?redirectedFrom=fulltext. Acesso em: 24 set. 2021.

187. WAITE, Linda J.; BROWNING, Don; DOHERTY, William J.; GALLAGHER, Maggie; LUO, Ye; STANLEY, Scott M. *Does Divorce Make People Happy?* Findings from a Study of Unhappy Marriages. New York: Institute for American Values, 2002.

188. NAPIER, Augustus. Experiential Family Therapy. [Entrevista cedida a] Rebecca Aponte. Psychotherapy.net, nov. 2009. Disponível em: https://www.psychotherapy.net/interview/augustus-napier. Acesso em: 24 set. 2021.

189. SMITH, Tom W.; DAVERN, Michael; FREESE, Jeremy; HOUT, Michael. Is it wrong to have sex with person other than spouse. General Social Surveys, 1972–2016. *GSS Data Explorer*. Disponível em: https://gssdataexplorer.norc.org/trends/Gender%20&%20Marriage?measure=xmarsex. Acesso em: 27 set. 2021.

190. JANKOWIAK, William; NELL, M. Diane; BUCKMASTER, Anne. Managing Infidelity: A Cross-cultural Perspective. *Ethnology*, v. 41, n. 1, p. 85-101, 2002. Disponível em: https://www.jstor.org/stable/4153022?origin=crossref. Acesso em: 27 set. 2021.

191. MARNEFFE, Daphne de. *The Rough Patch*: Marriage, Midlife, and the Art of Living Together. New York: Scribner, 2018, p. 104-108.

192. KREIDER, Rose M.; ELLIS, Renee. Number, Timing, and Duration of Marriages and Divorces: 2009. *Current Population Reports*. Washington: U.S. Census Bureau, 2011, figure 5, p. 15. Disponível em: https://www.census.gov/prod/2011pubs/p70-125.pdf. Acesso em: 27 set. 2021.

193. LAVNER, Justin; WEISS, Brandon; MILLER, Joshua; KARNEY, Benjamin R. Personality change among newlyweds: patterns, predictors, and associations with marital satisfaction over time. *Developmental Psychology*, v. 54, n, 6, p. 1172-1185, 2017. Disponível em: https://doi.apa.org/doiLanding?doi=10.1037%2Fdev0000491. Acesso em: 27 set. 2021.

194. RANDLES, Jennifer M. Partnering and Parenting in Poverty: A Qualitative Analysis of a Relationship Skills Program for Low-Income, Unmarried Families. *Journal of Policy Analysis and Management*, v. 33, n. 2, p. 385-412, 2014. Disponível em: https://onlinelibrary.wiley.com/doi/10.1002/pam.21742. Acesso em: 27 set. 2021.

CARLSON, Ryan G.; BARDEN, Sejal M.; DAIRE, Andrew P.; GREENE, Jennifer. Influence of Relationship Education on Relationship Satisfaction for Low Income Couples. *Journal of Counseling and Development*, v. 92, n. 4, p. 418-427, out. 2014. Disponível em: https://onlinelibrary.wiley.com/doi/10.1002/j.1556-6676.2014.00168.x. Acesso em: 27 set. 2021.

195. REAL, Terrence. *Op. cit.*, p. 77.

196. SMITH, Tom W.; DAVERN, Michael; FREESE, Jeremy; HOUT, Michael. Should divorce be easier/more difficult to obtain. General Social Surveys, 1972–2016. *GSS Data Explorer*. Disponível em: https://gssdataexplorer.norc.org/trends/Gender%20&%20Marriage?measure=divlaw. Acesso em: 27 set. 2021.

197. WAITE, Linda J.; BROWNING, Don; DOHERTY, William J.; GALLAGHER, Maggie; LUO, Ye; STANLEY, Scott M. *Op. cit.*

198. JOHNSON, Christine A.; STANLEY, Scott M.; GLENN, Norval D.; AMATO, Paul R.; NOCK, Steve L.; MARKMAN, Howard J.; DION, M. Robin. *Marriage in Oklahoma*: 2001 Baseline Statewide Survey on Marriage and Divorce. Oklahoma City: Oklahoma Department of Human Services, 2002. Disponível em: https://www.researchgate.net/publication/240108285_Marriage_in_Oklahoma_2001_baseline_statewide_survey_on_marriage_and_divorce. Acesso em: 27 set. 2021.

199. DOHERTY, William J.; HARRIS, Steven M.; DIDERICKSEN, Katharine Wickel. A Typology of Attitudes toward Proceeding with Divorce among Parents in the Divorce Process. *Journal of Divorce and Remarriage*, v. 57, n. 1, p. 1-11, 2016. Disponível em: https://www.tandfonline.com/doi/full/10.1080/10502556.2015.10 92350. Acesso em: 27 set. 2021.

200. WAITE, Linda J.; BROWNING, Don; DOHERTY, William J.; GALLAGHER, Maggie; LUO, Ye; STANLEY, Scott M. *Op. cit.*

APÊNDICE

201. ARON, Arthur; MELINAT, Edward; ARON, Elaine N.; VALLONE, Robert Darrin; BATOR, Renee J. The Experimental Generation of Interpersonal

Closeness: A Procedure and Some Preliminary Findings. *Personality and Social Psychology Bulletin*, v. 23, n. 4, p. 363-377, abr. 1997. Disponível em: https://journals.sagepub.com/doi/10.1177/0146167297234003. Acesso em: 27 set. 2021.

**Acreditamos
nos livros**

Este livro foi composto em Alda OT CEV e
CoreCircus e impresso pela Geográfica para a
Editora Planeta do Brasil em janeiro de 2022.